impuls

Konstanze Quirmbach

Ich bin da

Sich SELBST BEWUSST wahrnehmen.
Mit Affirmationen dem Leben POSITIV begegnen.

Mit einem Beitrag von Martha M. Fritsch

2. Auflage 2010

www.impulsverlag.com

Layout und Umschlaggestaltung: Klaus Ohl, k2o Wiesbaden
Fotos: Konstanze Quirmbach, Martin Quirmbach
Autorenfoto K. Quirmbach: Katja Maass-Remai, www.lalanova.com
Fotos auf S. 240, 241 und 252: Bildschmiede, Solms-Oberndorf, Sabine Kreuzer
Gedruckt auf chlorfreiem Papier

Printed in Europe
ISBN 978-3-9811307-3-7

Für meine Mutter.

Über die Autorin

Konstanze Quirmbach, Jahrgang 1953, hat auf verschiedenen beruflichen Feldern Erfahrungen gesammelt. Dabei hat sie immer mit Menschen gearbeitet. Seit 2002 ist sie Gestalttherapeutin. Sie hat ein besonderes Interesse daran entwickelt, Menschen praktische Hilfen anzubieten und ihnen Impulse mitzugeben, die sie in ihrem Alltag nutzen können. Ihr Arbeitskonzept beruht auf einer Mischung aus Bewusstmachung, Achtsamkeit, Entspannung und kreativen Elementen.

Dieses Buch vervollständigt die im Jahr 2006 erschienene Reihe „Ich bin da" - Affirmationskarten, CD-ROM und Poster, veröffentlicht im impuls - Verlag für Persönlichkeitsentwicklung.

Die Autorin lebt seit Sommer 2003 überwiegend in Nova Scotia, Kanada.

www.konstanze-quirmbach.de

Dank

Die Zeit, in der dieses Buch entstanden ist, war sehr intensiv. Meine Familie musste häufig auf mich verzichten, da ich für den normalen Alltag nur bedingt zur Verfügung stand. Es ist mir deshalb ein großes Anliegen, meiner Familie für ihr Verständnis und ihre Unterstützung zu danken. Besonders meinem Mann danke ich für seine Geduld mit mir und dafür, dass er in jeder Hinsicht voll hinter mir steht.

Den Anstoß, meine Affirmationen als eine vollständige Reihe unter dem Titel „Ich bin da" zu entwickeln, gab mir eine Übung gleichen Namens aus dem Yoga. Die Bewegungsreihe von Martha M. Fritsch hat mich inspiriert, denn sie berührte mich auf einer tieferen als nur der körperlichen Ebene. Ich danke Frau Fritsch für ihre Zustimmung, die Struktur ihrer Übungsreihe für meine Arbeit zu nutzen.

Ohne meine Freundin, Ulrike Fetz (impuls Verlag, Lektorat), wäre dieses Buch nicht entstanden. Sie war immer an meiner Seite und hat mir Mut gemacht, niemals aufzugeben. Ihre wertvollen Hinweise und Korrekturen haben aus den Texten erst ein Buch gemacht. Ihr gilt mein größter Dank.

Die freundschaftliche und professionelle Unterstützung von Iris Pohlers (Journalistin, Heilpraktikerin Psychotherapie) beim Korrekturlesen, hat vielen Texten den letzten Schliff gegeben. Ich habe sehr viel von ihr gelernt und ich danke ihr für ihre einfühlsamen Anregungen.

Ich bin jeden Tag dankbar dafür, in einer Lebenssituation zu stehen, die mir die Verwirklichung eines so umfangreichen Projektes ermöglicht hat. Jetzt wünsche ich mir, dass es für die Leser zu einem Begleiter auf ihrer Reise nach innen werden kann.

„Bewusstheit per se – durch und aus sich selbst heraus – kann heilsam sein."

(Fritz Perls, 1893 - 1970, Begründer der Gestalttherapie)

Inhalt

Teil 1

Ankommen

Dies ist ein ungewöhnliches Buch und es steckt voller Widersprüche. Es handelt davon, das Denken loszulassen und doch gezielt seine Gedanken zu steuern. Es beschäftigt sich mit Begegnungen, die in uns selbst stattfinden, aber in die Welt hinein wirken. Es fordert dazu auf, sein Schicksal anzunehmen, und es dennoch selbst in die Hand zu nehmen, um mutig und kraftvoll seine eigenen Ziele zu verfolgen. Die Texte in diesem Buch sind ein Plädoyer für eine bewusste, positive Lebenseinstellung.

In einem Holzhaus mitten im Wald an einem See an der Ostküste Kanadas gelegen, habe ich zu einer Lebenseinstellung gefunden, in der ich Sinn und Glück spüren kann. Es ist ein stilles Glück, das ich hier erlebe. Die ursprüngliche Natur mit ihrer wilden Schönheit hat mich auf den ersten Blick in ihren Bann gezogen. Die ruhige Abgeschiedenheit hat mir viele Begegnungen mit mir selbst ermöglicht und inspiriert mich immer wieder neu zu einer inneren Reise. Ich spüre: Ich bin auf meinem Weg angekommen.

Auf dem Weg nach innen

Mit Bildern und Texten lade ich Sie ein, mich auf eine Reise nach innen zu begleiten. Lassen Sie sich entführen in eine Welt positiver Gedanken?

Ich möchte mit Ihnen Landschaften durchwandern und Ihnen Ausblicke auf eine Welt zeigen, in der Sie die Kraft entdecken können, die darin liegt, sich selbst anzuerkennen. In dieser Welt können Sie auf Inseln der Selbstwahrnehmung verweilen. Wir schauen Gedanken an und tauchen in Gefühlswelten ein. Einsichten und Haltungen können uns bewusst werden. Ich nehme Sie mit zu Orten und Plätzen, an denen die Natur mich gestärkt und mir Zuversicht geschenkt hat. Bilder und positive Sätze begleiten uns durch eine abwechslungsreiche Landschaft, die eine reiche Quelle persönlicher Zufriedenheit sein kann. Was uns begegnet ist getragen von vier Grundideen:

- Leben im Hier und Jetzt: Achtsamkeit, Selbstwahrnehmung
- Akzeptanz: eigene Grenzen und Lebensbedingungen anerkennen
- Vertrauen: Selbstvertrauen und Vertrauen in das Universum entwickeln und festigen
- Selbstverantwortung: sein Leben in die Hand nehmen

Diese Ideen sind stark. Sie führen zu mehr Selbstachtung und leiten uns auf der Suche nach innerem Gleichgewicht. Auf diesem Weg entdecken wir eigene Ressourcen und entwickeln

Vertrauen. Die Ideen ermutigen das zu tun, was jedem auf seiner Lebensreise förderlich ist. Bejahen wir das Leben und uns selbst, schaffen wir damit eine Voraussetzung zu größerer Ausgeglichenheit und persönlichem Glück.

Selbstbejahung ist in der Autosuggestion eine Heilmethode, in der Affirmationen genutzt werden: Mit kurzen, positiv formulierten Aussagen, die auf uns selbst und unser Leben bezogen sind, stärken wir bewusst den Glauben an uns selbst. Wir setzen uns mit inneren Widerständen, Blockaden und negativen Glaubenssätzen auseinander. In dem wir die Affirmation immer wieder sprechen oder denken, unterstützen wir uns selbst. Durch diese bewusste, positive Selbstbeeinflussung kann sich jeder selbst stärken und seine inneren Landschaften formen und festigen.

Die Affirmationen in diesem Buch würdigen das So-Sein jedes Einzelnen. Sie kommunizieren Vertrauen und lassen Selbstwert spürbar werden. Jeder Mensch hat ein Bedürfnis danach, so anerkannt zu werden, wie er ist. Wir können auf diese Anerkennung von außen warten, aber dabei verlieren wir uns leicht selbst aus den Augen. Sind wir aber im Kontakt mit unseren eigenen Kräften, können wir uns diese Anerkennung selbst geben. Wir sind nicht mehr so abhängig von der Anerkennung anderer.

Jede Affirmation in diesem Buch wird durch eine Fotografie ergänzt. Bilder prägen sich auf einer tieferen Ebene ein als Worte. Die Kombination von Fotografie und positiven Sätzen halte ich für so wertvoll, weil sie uns mit Bedürfnissen und Gefühlen intensiver in Verbindung bringt. Wir erfassen zunächst intuitiv, was wir uns danach durch Fühlen und Denken bewusst machen können. Bewusstheit ist unsere Chance zu positiver, selbst gewählter Veränderung.

Sich selbst bewusst wahrnehmen

Wir können uns bewusst machen, in welchem Umfeld wir leben und arbeiten, welchen Einfluss Dinge und Menschen auf uns haben, und umgekehrt: welchen Einfluss wir ausüben. Leben findet in einem ständigen Austausch mit anderen und mit uns selbst statt. Wir können uns auf das beziehen, was uns als bedeutungsvoll bewusst wird.

Während wir als Person nach außen hin einheitlich wirken, existiert im Inneren eines jeden reiche Vielfalt: Wir handeln als ganzheitlicher Mensch, erleben uns aber selbst auf einer kognitiv-erkennenden, einer seelisch-emotionalen und einer körperlich-fühlenden Ebene. Körper,

Seele und Geist sind eine Einheit. Dennoch können wir diese Ebenen voneinander unterscheiden und sie unterschiedlich benennen. Während wir uns selbst wahrnehmen, wird uns bewusst, was in uns geschieht oder spürbar ist. Diese Bewusstheit kann sich auf unsere Gedanken oder Gefühle beziehen, auf Prozesse, auf Veränderung, die mit uns in einem bestimmten Zusammenhang geschieht, oder darauf, wie wir selbst handeln beziehungsweise mit etwas umgehen. Während wir uns selbst bewusst beobachten, uns denkend und handelnd wahrnehmen, gewinnen wir Erkenntnisse und können uns über Muster klarwerden. Wir ordnen die Bedeutung von Ereignissen und Geschehen für uns persönlich ein und können daraus lernen.

Das „Ich" nimmt sich selbst - oder sein „Selbst" - keineswegs nur einheitlich wahr. Innere Vielfalt kann sich auch widersprüchlich anfühlen. Verstand, Intelligenz, Freude, Liebe, Glaube, Aggression, Kreativität, Gesundheit und alle anderen Aspekte des Selbst wollen integriert werden. Diese verschiedenen Ebenen des Selbst stehen uns als Ressourcen und Potenziale zur Verfügung und der Wunsch, möglichst viel davon zu leben und zu verwirklichen, ist Teil menschlicher Entwicklung.

Das Selbst und das Ich arbeiten normalerweise still und unauffällig zusammen und sie bleiben weitgehend unbewusst, solange wir mit den Ergebnissen zufrieden sind. Gibt es aber eine Unzufriedenheit, eine Irritation oder eine Störung im Dialog mit sich selbst oder in der Begegnung mit der Welt und anderen Menschen, dann tritt etwas ins Bewusstsein. Das Ich wägt ab zwischen widerstreitenden Interessen und Bedürfnissen. Das kann zum Beispiel passieren, wenn ein Bedürfnis stärker ist, als der Verstand es zulassen mag, oder wenn eine Leidenschaft einem Glaubenssatz in uns widerspricht, oder wenn wir uns darüber ärgern, dass wir wieder einmal den alten Weg genommen haben, anstatt einen neuen auszuprobieren.

Wie machen wir uns Widersprüche in uns selbst bewusst?

Was erleben wir, wenn wir im Streit mit uns selbst sind?

Alle Bedürfnisse haben ihre Berechtigung und langfristig möchten wir auch allen einen Platz in uns einräumen. Das heißt, wir möchten sie integrieren und nicht von uns abspalten. Auf unserer halb bewussten und halb unbewussten Suche nach einer Haltung, die der Welt aber auch uns selbst gerecht wird, kommen Verstand und Intuition zu Wort. Innere Widersprüche werden spürbar, wir lernen mehr über unsere Grenzen. Im Kontakt mit uns selbst suchen wir nach innerem Gleichgewicht und werden uns möglicherweise klarer darüber, was wir als Person sein wollen.

Denken.

- Was macht mich als Ganzes aus?
- Wie soll ich sein?
- Wie will ich sein?
- Wer bin ich?

In uns selbst entdecken wir die Fülle dessen, was wir sind. Abgewendet von der Geschäftigkeit der lauten Welt, kehren wir den Blick nach Innen und erleben eine andere Welt. Werden wir äußerlich still, beginnen wir innerlich zu sehen und zu hören. Die Reise nach Innen steckt voller Überraschungen, denn wir wissen nicht, was uns begegnet, wie wir uns als Reisende verändern werden. Nur eines wissen wir: Wir kommen uns auf dieser Reise selbst bewusst näher.

Es begegnen uns Bilder, wir nehmen unseren Körper wahr, Gefühle werden spürbar und wir treffen auf Gedanken. Ein Strom von Gedanken fließt nahezu unablässig durch uns hindurch, manchmal werden uns Gedankenfetzen, Worte oder Sätze bewusst. Was tritt in den Vordergrund? Was gewinnt unsere Aufmerksamkeit? Wie bewusst denken wir eigentlich?

Denkt sich der Gedanke, so wie es uns atmet, ohne unser Zutun?

Bringen wir Gedanken durch das, was wir fühlen und tun, selbst hervor?
Also: Lenkt das Gefühl unsere Gedanken?

Erzeugen unsere Gedanken Gefühle und handeln wir entsprechend?
Also: Lenken Gedanken unsere Gefühle?

Wir können auf alle Fragen mit „Ja" und mit „Nein" antworten. Einerseits finden unbewusste Prozesse in uns statt, die uns steuern und uns ermöglichen, intuitiv zu funktionieren. Andererseits steuern wir aber auch ganz bewusst unsere Gedanken und überlegen, auf welcher Grundlage wir stehen, wo unser Platz in der Welt ist und welche Ziele wir verfolgen wollen.

Gedanken entwickeln sich in jedem Menschen anders. Was man im Laufe seines Lebens erfährt und lernt, bestimmt den eigenen Vorstellungsrahmen und die mögliche Gedankenwelt. Wir sind das, was wir annehmen sein zu dürfen. Wir erreichen das, was wir uns selbst erlauben. Wir erweitern oder beengen unseren eigenen Gedankenspielraum.

Unsere Vorstellungswelt verändert sich fortlaufend. Mit jeder Entscheidung, jeder Konfliktsituation, jedem Ausdiskutieren einer Widersprüchlichkeit verschieben sich Grenzen. Mit jedem bewussten Wahrnehmen einer inneren Begrenzung verändern wir uns und damit unsere

Möglichkeiten zu denken, zu fühlen und zu handeln. Und manchmal gelingt es, uns selbst Zutritt zu weiteren Handlungs- und Spielräumen zu verschaffen, weil wir mit starken Gedanken neue Türen öffnen können.

Obwohl sich das Denken innerhalb unserer persönlichen Begrenzungen bewegt, gehen die Wirkungen weit darüber hinaus. Was wir denken und ausstrahlen, das kehrt zu uns zurück. Wir erhalten eine Resonanz aus der Umwelt. Gedanken materialisieren sich. Bewusst denkend geben wir uns eine Richtung.

Fühlen.

Auf einer bewussten Reise nach Innen begegnen wir nicht nur unseren Gedanken, sondern wir nehmen auch die verschiedensten Gefühle wahr. Mit einem Gedanken setzen wir uns in Bezug zu einem Gefühl: wir intensivieren es, lehnen es ab, begrüßen oder übergehen es. Dabei nehmen wir Denken, Fühlen und Spüren mehr oder weniger als eine Einheit wahr. Die Frage, was war zuerst: der Gedanke, die Emotion oder das Körpergefühl, ist nicht immer einfach zu beantworten. Sie beeinflussen sich wechselseitig.

Begegnen wir uns selbst bewusst, erfahren wir immer deutlicher, wie Gedanken und Gefühle zusammenhängen und welche Auswirkungen sie auf unseren Körper haben können. Erkennen wir Zusammenhänge, können wir sie besser steuern und zu unserem eigenen Vorteil nutzen. Wir verhalten uns bewusster und selbstbestimmter.

- Gedanken sind Auslöser für ein Körpergefühl und eine Körperhaltung:

  Denken Sie beispielsweise an ein schönes Urlaubserlebnis. Oder denken Sie daran, wie es ist, in eine Zitrone zu beißen. Was spüren Sie bei diesen sehr unterschiedlichen Vorstellungen?

  Die Tatsache, dass wir an bestimmte Situationen denken, löst eine Reaktion in unserer Körperchemie und in der Muskulatur aus.

- Gefühle sind Auslöser für Gedanken und Körperhaltung:

  Ist es möglich, etwas zu fühlen, ohne auch darüber nachzudenken, was man fühlt? Sobald ein Gefühl sich ausbreitet, folgen ihm entsprechende Gedanken nach. Noch ehe man sich selbst des Gefühls bewusst ist, kann es sich bereits in einer Körperhaltung zeigen. Andere können deshalb manchmal leichter sehen, wie wir uns fühlen.

- Körperhaltungen sind Auslöser für Gefühle und Gedanken:
  - Bewegen wir uns wie ein Kind, fröhlich hüpfend, fühlen wir uns jung und leicht. Die gedankliche Vorstellung Kind zu sein, macht uns unbekümmerter.

    Gelingt es, die Bewegung und das sie begleitende Gefühl von Unbeschwertheit einfach zu genießen?
  - Gehen wir mit hängenden Schultern und mit schleppendem Schritt, nach vorne gebeugt und mit zusammengedrücktem Brustkorb, dann sinkt unser Mut. Auch unsere Gedanken scheinen uns zu drücken, innere Schwere zieht uns nach unten, wir fühlen uns niedergeschlagen.

Die wenigen Beispiele zeigen, wie entscheidend und wichtig diese Zusammenhänge zwischen Denken, Fühlen und Spüren im Alltag sind. Wir brauchen nicht in alten Gedanken und Gefühlen steckenzubleiben, sondern wir können Einfluss nehmen. Mit Affirmationen kann uns der Zusammenhang bewusst werden, und wir machen uns durch unser Denken selbst stark.

Dem Leben positiv begegnen.

Wir öffnen eine Tür zu einem positiveren Leben, wenn wir uns selbst bewusst wahrnehmen. Denkend nehmen wir unsere Interessen wahr. Wir werten uns auf oder wir werten uns ab. Wir fühlen uns zugehörig oder fremd. Wir beziehen uns auf Werte oder Gefühle. Wir entwickeln Vertrauen, bestimmen unseren Standort. Gedanken, Gefühle, Bedürfnisse - Körper, Geist und Seele erleben wir bewusst als zu uns gehörig.

In Momenten bewusster Selbstwahrnehmung findet auch Selbsterkenntnis statt. Wir erkennen, dass wir eine Wahl haben, uns für oder gegen etwas zu entscheiden. Wir können etwas annehmen oder es ablehnen. Wir können etwas tun, wenn wir eine Veränderung herbeiführen möchten, oder aber nichts zu tun und es damit beim Alten belassen.

Positives Denken wird häufig so verstanden, als könne man etwas Schwarzes einfach durch etwas Weißes ersetzen. Das trifft aber nicht zu. Nach meinem Verständnis ist positives Denken gerade deshalb so machtvoll, weil es das Negative und das Gegensätzliche anerkennt, sich aber bewusst mit positiven inneren Anteilen verbindet. Denn alles hat zwei Seiten. In jedem Problem liegen auch Chancen für einen Neuanfang.

Affirmationen unterstützen uns in dem Prozess, zu einer mutig optimistischen Lebenseinstellung zu finden:

- Wir achten darauf, ob das hilfreich ist, was wir denken.
- Wir bemerken, ob wir uns mit unseren Gedanken unterstützen oder ob wir uns selbst damit im Weg stehen.
- Wir verstärken einen Gedanken ganz bewusst - oder aber wir entkräften ihn.
- Wir denken vermehrt an das, was uns Kraft gibt.
- Wir lassen los, was uns nicht gut tut.

Affirmationen anwenden, kann sich zu einem Ritual entwickeln. Achtsam und bewusst nehmen wir immer wieder unsere Gedanken wahr und entscheiden, wie wir mit ihnen umgehen wollen. Wir halten inne: Wir bemerken widersprüchliche Aspekte unseres Selbst. Drängen sich negative Gedanken auf, setzen wir ihnen etwas entgegen. Dahinter stehende Bedürfnisse erkennen wir an, aber wir entscheiden uns bewusst dafür, uns selbst durch eine entsprechende Affirmation positiv zu unterstützen.

Ich wünsche mir, dass Sie Freude daran finden, sich auf Bilder, Sätze und Begegnungen mit sich selbst einzulassen, im Sinne des afrikanischen Sprichwortes:

> ***„Wage dein Leben. Verlasse dein Haus."***

Teil 2

Affirmationen machen stark

Ich bin da.

Da sein heißt, in der Welt sein.
Da sein heißt, bewusst zu sein.

Mit beiden Füßen stehe ich fest auf dem Boden, spüre den Kontakt. Ich bin geerdet. Bewusst stehe ich fest, spüre Kraft im ganzen Körper. Mein Blick richtet sich nach vorne und wird weit.

Ich bringe meine Hände aus einem Armkreis heraus vor der Brust zusammen, lege Finger und Handflächen aneinander, neige respektvoll den Kopf. Körper und Geist sind ganz präsent. Ich spreche den Satz und spüre der inneren Wirkung nach: „Ich bin da."

Sich selbst bewusst wahrzunehmen, schafft die Voraussetzungen dafür, gezielt und gewollt in der Welt zu agieren. Wir begegnen uns selbst und lernen uns in wechselnden Lebenssituationen immer wieder neu kennen. Lebensenergie wird in Auseinandersetzungen spürbar.

Wer sind wir? Was wollen wir vom Leben? Wie erleben wir Selbstvertrauen? Wie gehen wir mit Selbstzweifel um? Wie finden wir zu persönlichen Kraftquellen?

Fragen, auf die es keine bleibenden Antworten gibt. Im Verlaufe eines Lebens beantworten wir sie immer wieder neu, und je nach Lebenslage immer wieder anders. Auf der Suche nach einem Gleichgewicht zwischen Körper, Seele und Geist bewegen wir uns zwischen Mangel und Fülle, zwischen Verzweiflung und Zuversicht, zwischen Unsicherheit und Sicherheit, zwischen Ängsten und Lebensmut. Wir führen innerlich Auseinandersetzungen, und dort - in uns selbst - sind auch die Ressourcen für ein glückliches Leben zu finden. Selbstvertrauen entwickeln, eigene Begrenzungen annehmen, uns selbst spüren und akzeptieren - daraus schöpfen wir den Mut, unseren eigenen Weg zu gehen.

Ich nehme mein Leben als Geschenk an.

Ich darf sein, wie ich bin.

Ich kann meinen eigenen Weg haben.

Zwischen Himmel und Erde bin ich.

Ich bin dem Leben gewachsen.

Mein Leben liegt in meiner Hand.

Ich mache aus jedem Tag einen guten Tag.

Meine Seele ist frei.

Ich habe meinen Platz im Leben.

Ich achte und respektiere mich.

Ich nehme mein Leben als Geschenk an.

Ein Korb voller Rosenblätter
Fotografiert bei einer Hochzeit in Brüssel, Belgien

Bunte Rosenblätter sind ein Blickfang. Die Farben geben dem Bild seine Lebendigkeit. Die Blütenblätter lassen die Erhabenheit der Rosen noch erahnen. Gleichzeitig entfaltet jedes einzelne Blatt für sich alleine seine ganz spezielle Wirkung.

Die Ansammlung der Rosenblätter ist bunt und vielseitig – wie ein Leben.

Viele einzelne Ereignisse und Erfahrungen machen das Ganze aus.

Helle und dunkle Farben: Leben ist ein Geschenk.

Seine vielfarbigen Seiten leben zu dürfen, ist eine Bereicherung.

Der Sinn jeglichen Lebens liegt darin, es voll und ganz,

mit allen Höhen und Tiefen zu erleben.

Ich nehme mein Leben als Geschenk an.

Vielfältig, reichhaltig, bunt.

Jedes Leben ist ein Geschenk. Ein Schatz, den wir entdecken dürfen. In jedem einzelnen Menschenleben ist eine derartige Vielfalt angelegt, dass man meinen könnte, *ein* Leben reiche nicht aus, all die Talente, Begabungen, Anlagen und Interessen auszupacken. Stück für Stück nur, immer eines und jedes zu seiner Zeit, können wir die vielen Teile des großen Geschenks würdigen, sie nutzen und uns damit in die Welt einbringen.

Das Geschenk annehmen.
Wachstum ist in uns angelegt und es wird sich entfalten, wenn wir es *bewusst* würdigen. Wir dürfen und sollen das Leben führen, das wir lieben, und uns nicht damit zufrieden geben, das Leben zu leben, das andere von uns erwarten. Glück liegt darin, sich selbst ganz anzunehmen und der Mensch zu sein, der man ist. Körper, Geist und Seele: Geschenke, die Zuwendung brauchen und entwickelt werden wollen.

Bildmeditation:

Sehen Sie das Bild an, nehmen Sie Einzelheiten bewusst wahr.
Lassen Sie alle Gedanken los.
Bezeichnen Sie nichts, denken Sie nichts.
Öffnen Sie sich - betrachten Sie absichtslos die Blüten.
Spüren Sie Ihrem einzigartigen Gefühl nach,
das nur SIE so erleben.

In meiner Beratungspraxis erfahre ich immer wieder, dass es für viele Menschen eine grundlegende Schwierigkeit ist, sich selbst so anzunehmen wie sie sind. Die Schwierigkeit besteht sowohl darin, eigene Talente und Begabungen zu erkennen, als auch eigene Begrenzungen anzunehmen. Paradoxerweise strengen sich viele Menschen unglaublich an etwas zu werden, das sie gar nicht sein können, oder sie kämpfen ständig damit, etwas nicht sein zu wollen, das sie doch sind.

Das Leben anzunehmen - mit den „Geschenken", die es für uns bereit hält, diese zu pflegen, auszuleben und immer weiter zu entfalten - ist eine Glück stiftende Grundhaltung. Selbst „unerwünschte Geschenke" lassen sich integrieren, sind wir nur bereit dazu. Schöpfen wir aus dem ganzen Repertoire dessen, was uns mit Körper, Geist und Seele mit auf den Weg gegeben ist, und akzeptieren wir den Platz in der Welt, an dem wir stehen, ist die schwierigste Hürde auf dem Weg zum Glück bereits genommen: Wir können unsere Lebendigkeit voll und ganz spüren. In jeder Hinsicht nehmen wir uns an und erlauben uns zu sein, was wir sind.

Wir nehmen an und bleiben doch Gestalter. Jedes neue Erlebnis ist ein einzigartiges Geschenk des Lebens, das uns bereichert und uns spüren lässt, wie wir als Teil verbunden sind mit dem Ganzen.

Das Leben als Geschenk annehmen - dieser Gedanke weist den Weg durch ein *glückliches* Leben.

Nehmen Sie Ihren Körper aufmerksam wahr. - Was können Sie annehmen, was möchten Sie ablehnen? Wie behandeln Sie Ihren Körper?

Nehmen Sie Ihren Geist aufmerksam wahr. - Worin spüren Sie seine Lebendigkeit? Können Sie erkennen, wie Ihre Ideen und Ihr Weg einzigartig sind?

Nehmen Sie Ihre Seele aufmerksam wahr. - In welchen Momenten spüren Sie eine Verbundenheit mit Ihrer Seele? Worin finden Sie in Ihrem Alltag das, was Ihre Seele trägt und nährt?

Nehmen Sie sich als Ganzes wahr. - Körper, Geist und Seele sind Ihre Verbündeten. Kommen Sie sich selbst als fühlende, handelnde und denkende Person auf die Spur. Seien Sie sich Ihrer selbst bewusst.

Das ist IHRE Lebendigkeit, die Sie gerade fühlen. Ihr Leben ist Ihnen als GESCHENK anvertraut.

Ich darf sein, wie ich bin.

Sanddollars
Gesammelt an der Atlantikküste in Nova Scotia, Kanada

Manchmal gibt es Sanddollar-Tage. Das sind die Tage, an denen man unzählige Sanddollars am Strand findet, nachdem Monate lang nicht ein einziger zu sehen war. Es erschließt sich mir nicht, warum Ebbe und Flut die Sanddollars nur an wenigen Tagen, dann aber in dieser Vielzahl preisgeben. Aber es fasziniert mich, wie die Natur funktioniert. Ohne sichtbare Regel, aber in einer nicht zu übersehenden Regelmäßigkeit.

Die Sanddollars auf dem Bild habe ich im Licht der untergehenden Sonne aufgereiht.

Licht und Schatten betonen spielerisch die Muster auf den Sanddollars.

Die Ähnlichkeiten der Sanddollars sind so offensichtlich,

wie auch ihre Unterschiede augenfällig sind.

Wie Menschen ähneln sie sich – von außen betrachtet – alle ein wenig,

ohne jedoch gleich zu sein.

Besondere Eigenheiten machen jeden zu einem

unnachahmlichen Einzelexemplar.

Ich darf sein, wie ich bin.

Eine wohltuende Erlaubnis wird in diesem Satz ausgesprochen: „Ich darf sein, wie ich bin."

Lehrt uns Lebenserfahrung häufig nicht etwas Gegenteiliges?
Erfahren wir nicht, wie wir geformt und gepresst, manipuliert und überzeugt, belehrt und unter Druck gesetzt werden mit dem Ziel, uns zu verändern?

Die Eltern sind die ersten Personen, die darauf einwirken, wie man sein soll und sein darf. Später kommen andere Personen hinzu, die ebenfalls großes Interesse daran haben einem zu sagen, wie man sein und was man werden soll. Die Botschaften sind nicht immer eindeutig: folgsam und brav, stark und mutig, fröhlich aber nicht vorlaut, sparsam und doch großzügig, und so weiter. Man soll ein guter Mensch sein. Wir lernen, dass es ebenso wichtig ist sich durchzusetzen und seine Rechte zu fordern, wie nachzugeben und bescheiden zu bleiben. Sich anzupassen ist wohl besser als aufzufallen, und früh lernen wir uns so zu verhalten, dass wir anderen gefallen. Zunächst versuchen wir, den Eltern zu gefallen und vielleicht auch den Großeltern. Später folgen Lehrer und Freunde, Vorgesetzte und Partner.

> Was sollten Sie alles sein, wenn es nach den Vorstellungen Ihrer Eltern, Großeltern, Lehrer, Vorgesetzen, Bekannten, Nachbarn, Freunde oder Lebenspartner ginge?
> Stellen Sie sich die Vielfalt als Bild vor. - Wagen Sie es, das zu malen?

Wir nehmen uns die vielen Erwartungen zu Herzen. Sie geben uns eine Richtung. Besonders die Erziehung des Elternhauses und der Schule prägt uns, manchmal sogar mehr, als wir uns das vielleicht wünschen. Wir müssen aufpassen, dass wir uns nicht selbst fremd werden und verlernen, in uns selbst hineinzuhören. Folgen wir zu sehr den Hinweisen und Anweisungen anderer, finden wir uns in den vielen „Du-solltest" und „Du-müsstest" nicht mehr wieder.

Wo und bei wem lernen wir, uns selbst treu zu sein?

„Ich muss eine Eiche nicht lehren, eine Eiche zu sein."
(Karin Horney, 1885-1952, deutsche Psychoanalytikerin)

Im Samen einer Eiche sind die Beschaffenheit der Rinde, die Form der Blätter, das Alter und die Größe bereits angelegt. In uns Menschen ist eine vergleichbare Weisheit angelegt, die sich im Laufe unseres Wachstums entfaltet und die wir nicht lernen müssen. Nicht enge Grenzen helfen uns zu erfahren, was in uns steckt, sondern wir brauchen viel Raum, in den wir hineinwachsen dürfen.

Was uns als Kinder oder Heranwachsende nicht erlaubt wurde, mag aus verständlichen Gründen geschehen sein, und aus der Sicht anderer sogar berechtigt. Als Erwachsene aber können nur wir uns selbst die Erlaubnis geben, so zu sein, wie wir sind. Unstimmigkeiten unserer Lebensgeschichte machen sich früher oder später bemerkbar, aber wir haben immer die Chance, nicht gelebte Anteile aufzuspüren. Die Grenze zwischen Fremdem und Eigenem können wir immer bewusster erkennen und anerzogene Konformität aufgeben. Spüren wir unsere einmalige Vielschichtigkeit und leben wir sie: In der Begegnung mit uns selbst liegt die Chance, unsere Lebens-Balance zu finden.

„Ich darf sein, wie ich bin." - Unter vielen Schichten von Erziehung und Anpassung spricht dieser Satz etwas in uns an, das unseren eigenen Rhythmus zum Klingen bringt, und wir ahnen, wer und was wir sind.

Fragenmeditation:

Öffnen Sie sich durch diese Fragen für Ihr natürliches Wesen.

Behalten Sie die Fragen täglich ein paar Minuten im Gewahrsein.

Suchen Sie nicht nach Antworten.

Seien Sie bereit, die Resonanz in sich selbst wahrzunehmen.

Wer bin ich?

Wie denke ich, dass ich sein soll?

Wie fühle ich, dass ich sein will?

Wie finde ich mich dazwischen?

Wie bin ich?

Ich kann meinen eigenen Weg haben.

Boote im Hafen
Magdalenen Inseln, St. Lorenz-Golf, Québec, Kanada

In einem ruhigen Hafen liegen Fischerboote in aufgeräumter Gleichmäßigkeit vor Anker. Sie unterscheiden sich durch Form, Farbe, Name, Alter und anderes mehr. Am Bildrand rechts, im Vordergrund, liegt ein blaues Boot umgedreht am Ufer.

Es steht Kopf und tanzt aus der Reihe.

Seite an Seite, im Fluss der Zeit. Ausruhen von den Anstrengungen des Tages.

Warten auf die Erfüllung der Aufgaben, die wiederkehren. Bereit stehen.

Wie fühlt sich das an, auf dem Kopf zu stehen und aus der Reihe zu tanzen?

Das kleine blaue Boot symbolisiert diese Freiheit.

Es steht nicht bereit, es reiht sich nicht in die aufgeräumte Gleichmäßigkeit ein,

sondern es nimmt sich die Freiheit, in der Sonne zu liegen

und in strahlender Farbe zu glänzen.

Es hat seinen eigenen Weg gefunden.

Ich kann meinen eigenen Weg haben.

Leben Sie das, was Sie als „Ihren" Weg bezeichnen?
Sind Sie auf dem Weg zu „Ihrem" persönlichen Glück?

Diese Affirmation ist entstanden, weil es NICHT selbstverständlich ist, den eigenen Weg gehen zu dürfen. Der Satz will dazu ermutigen, genau hinzusehen und sich bewusst zu werden, wie der eigene Weg verläuft, den wir trotz aller und mit allen übernommenen Verantwortungen, Aufgaben und Verpflichtungen gehen.

Kompromisse sind notwendig: in der Familie, in persönlichen Bindungen, bei der Arbeit oder im Freundeskreis. Gesellschaftliche Einflüsse bestimmen unseren Lebensstil, unseren Geschmack, unsere Werte. Häufig bemerken wir selbst nicht mehr, wie fremdbestimmt wir durch Erwartungen anderer Menschen und der Gesellschaft tatsächlich sind. Unbewusst passen wir uns an, gehen mit den anderen auf der breiten Straße, die alle nehmen.

Können wir uns selbst dabei treu bleiben? Verlieren wir uns nicht selbst aus den Augen? Wir streben nach Selbsterfüllung. Jede Persönlichkeit will wachsen. Wir möchten eigene Ideen verwirklichen, unsere Talente entfalten, Fähigkeiten ausleben. Wir suchen nach einem unabhängigen Lebensstil. Wir möchten auf dem Pfad gehen, der für uns persönlich zu einem Ziel führt. Wer seinen eigenen Weg geht, braucht den Mut, sich nach seinem eigenen Rhythmus zu bewegen und ab und zu aus der Reihe zu tanzen.

Einbettung in die Gemeinschaft und das Verlangen nach Autonomie sind Partner - oder Widersacher - von der Geburt bis zum Tod. Beide Grundbedürfnisse brauchen ihren Raum. Finden sie ihn nicht, suchen sie sich irgendwann und irgendwie eine Bühne, auf der sie trotzdem spielen können.

Wir können uns selbst gestatten, unseren eigenen Weg zu gehen und dennoch unseren Platz in der Gesellschaft zu finden. Wenn wir gelegentlich den Erwartungsdruck zu stark spüren, können wir den Blickwinkel wechseln: Anstatt sich von einer kleinlichen Welt (die uns einer Norm folgend sehen möchte) beobachtet zu fühlen, drehen wir den Spieß um und beobachten, was uns begegnet, durch die Brille *unserer* Erwartungen an die Welt. Wir lassen damit Originalität zu und nähren das Gefühl für unseren eigenen Weg.

Jeder, der auf SEINEM Weg geht, vermehrt Fülle und Vielfalt des Lebens.

Unterstützende Gedanken:

Ich kann meinen eigenen Weg haben.

Ich darf mich unterscheiden.

Ich darf mein eigenes Lied singen.

Ich gebe mir die Erlaubnis, meinen Weg bewusst zu wählen und zu gehen.

Ich darf den Weg meines Herzens gehen.

Zwischen Himmel und Erde bin ich.

Sonnenuntergang am Stuarts Lake
South West Port Mouton, Nova Scotia, Kanada

Das Sonnenlicht spiegelt sich auf dem See. Der bewölkte Himmel lässt die Farbe des Wassers silber-grau erscheinen. Gold-weiß glänzend führt ein Weg aus Licht vom Horizont über das Wasser herüber zu meinem Standort und verbindet Erde und Sonne miteinander.

Die Entfernung zwischen Himmel und Erde scheint nicht sehr groß zu sein.

Ich fühle mich als Teil der Unendlichkeit, die den gesamten Kosmos umfasst.

Ich spüre nach. Sicher ist, ich stehe mit beiden Füßen fest auf dem Boden,

und dennoch gleichzeitig auf dem glänzenden Lichtweg,

irgendwo zwischen Anfang und Ende.

Gemessen an der Weite des Universums, an dem Wunder der Erde und an

der Kraft der Sonne, bin ich unbedeutend wie ein Sandkorn unter meinen Füßen –

und doch liegt gerade darin Bedeutung: Alle Teile ergeben zusammen das Ganze.

Und das Ganze ist immer mehr als die Summe seiner Teile.

Zwischen Himmel und Erde bin ich.

In dem Spannungsfeld zwischen Himmel und Erde, zwischen der Weite des Kosmos und der Welt unter meinen Füßen, nehme ich mich wahr. Ich bin geerdet, stehe fest mit beiden Beinen auf dem Boden - und doch reiche ich mit meiner Vorstellungskraft weit hinaus ins Universum. Ich möchte nicht urteilen, nur wahrnehmen, möchte nichts ändern, nur bereit sein anzunehmen. Was ich spüre, das bin ich.

In der Natur ist alles stimmig für mich. Geschöpfe, Pflanzen, Wasser, Wind, Sonne und Himmel sind verbunden in einem ewigen Rhythmus. Alles was ist, darf sein. Wachsen und Sterben gehen selbstverständlich Hand in Hand. Der Kreislauf, bestimmt von Licht und Dunkelheit, beeinflusst auch meine Lebensreise. Gelassen vollzieht sich in der Natur Veränderung. Aus veränderten Bedingungen entstehen neue Lebensformen und Lebenskonstellationen. Die Selbstverständlichkeit, mit der das geschieht, ist mir Vorbild und macht Mut.

Ich nehme mich als Teil dieser Welt wahr, zwischen Himmel und Erde. Dem Himmel ordne ich meine Sehnsucht nach einer allumfassenden, Sinn gebenden Idee zu. Der Erde ordne ich meine handfesten Bedürfnisse zu. Was sich in mir nicht trennen lässt, kann ich doch getrennt benennen.

Hier stehe ich als eine Person, die in jedem Augenblick alles in sich vereint: das Spirituelle und das Bodenständige. Ich bin bereit, den machtvollen Rhythmus des Universums anzunehmen.

Der Chinesische Morgengruß

Einladung zu einer Körpermeditation, in der wir uns mit Himmel und Erde verbinden.

Ausgangshaltung:
Stehen Sie fest, Ihr Gewicht auf beide Füße verteilt, die Arme hängen locker neben dem Körper. Spüren Sie sich bewusst, vom Kopf bis zu den Zehen.

Sprechen Sie mit jeder Bewegung den dazugehörigen Satz.

Der Chinesische Morgengruß – Bewegungsablauf

1. Arme nach vorne schwingen, über den Kopf und zurück neben den Körper bringen: ***„Die Sonne geht auf."***
2. Mit einer Hand nach oben zeigen, zum Himmel; mit dem Blick folgen: ***„Zwischen Himmel"***
3. Mit der anderen Hand nach unten zeigen, zur Erde; mit dem Blick folgen: ***„und Erde"***
4. Hände über dem Herzen übereinander legen: ***„bin ich."***
   - *nachspüren*
5. Arme vor der Brust nach vorne ausstrecken und in Schulterhöhe jeweils nach rechts bzw. links außen öffnen: ***„Ich öffne das Fenster"***
6. Unterarme anwinkeln, links neben dem Körper nebeneinander bringen, Handflächen nach oben; langsame Drehbewegung von ganz links nach ganz rechts, dabei intensiv, im eigenen Tempo, die Umgebung ansehen: ***„und schaue mich um."***
   - *sich in der Umwelt wahrnehmen*
7. Arme von unten nach vorne schwingen, über den Kopf und zurück neben den Körper bringen: ***„Feuer"***
8. Arme neben dem Körper nach vorne und hinten pendeln lassen (jeden Arm zweimal): ***„und Wasser."***
9. In Brusthöhe Arme abwechselnd links und rechts im Halbkreis schwingen, so als wolle man sich etwas heranholen: ***„Ich nehme mir, was ich brauche."***
10. Mit den Armen einen Halbkreis in Brusthöhe formen, Fingerspitzen zusammen bringen: ***„Es ist genug für alle da"***
    - *Fülle spüren*
11. Arme neben den Körper bringen, die Finger bewegen: ***„und ein kleiner Rest für die Blumen."***
12. Arme nach vorne schwingen, über den Kopf und zurück neben den Körper bringen: ***„Der Lotus blüht auf."***
13. Arme über der Brust kreuzen, Hände umfassen die Schultern: ***„Ich umarme meinen Tiger "***
14. Arme neben den Körper bringen: ***„und kehre zurück"***
15. Hände über dem Herzen übereinander legen: ***„zu mir. "***

Ich bin dem Leben gewachsen.

Silhouette auf Fels
Carter's Beach, Central Port Mouton, Nova Scotia, Kanada

Die Sonne geht unter an Carter's Beach und wirft warmes Licht auf einen Fels. An der Südküste Nova Scotias herrscht ein gutes Klima für Flechten. Sie wachsen sogar - man sieht es auf dem Bild - auf blankem Fels.

Die Flechte fängt das Licht der untergehenden Sonne ein und strahlt es wieder zurück. Der menschliche Schatten drückt die Stimmung des Moments aus.

Die Sonne schenkt Leben. Im warmen Licht nähren wir uns, im kühlen Schatten erkennen wir uns. Es ist alles da, was wir brauchen.

Die nach oben gereckten Arme des menschlichen Schattens bringen spontanes Wohlgefühl zum Ausdruck. Der Körper macht sich groß, der Brustkorb öffnet sich, der Mensch atmet ein und bringt mit dem Ausatmen ein „JA" zum Leben in die Welt!

Ich bin dem Leben gewachsen.

Nehmen Sie sich einen Augenblick Zeit. Trauen Sie sich und werfen Sie die Arme nach oben, strecken Sie sich, machen Sie sich groß und öffnen Sie Ihre Brust. Lassen Sie Ihrem Atem genug Platz. Spüren Sie sich intensiv...

Wie fühlen Sie sich dabei?

Führen Sie eine entschlossene Bewegung aus! Freude am Körper und ein „Ja" zum Leben brauchen Platz, denn beides sind große Gefühle. In dieser Bewegung kommt Zuversicht zum Ausdruck, ebenso wie der Glaube an sich selbst und an seine Fähigkeiten. Eine Körperhaltung, die auch eine Siegerhaltung ist: Nach einem Erfolg, der mutig errungen wurde, drückt sich in dieser Geste spontane Begeisterung aus.

Diesen Geist der Begeisterung transportiert das Bild in die Affirmation. „Ich bin dem Leben gewachsen" - das heißt, ich habe Mut zum Handeln und Mut zum Leben, ich weiche vor Herausforderungen nicht zurück. Es ist ein kraftvoller Moment, in dem wir so etwas spüren.

Der Satz nährt Vertrauen. Wir wissen, dass Leben ein Wagnis ist. Wir jonglieren zwischen Erfolg und Scheitern. Wir verfolgen Absichten, wollen etwas erreichen oder möchten etwas verhindern. Wir sind nicht nur durch eigene Ziele herausgefordert, sondern auch durch unser Lebensumfeld. Und nicht immer glückt uns, was wir uns vornehmen. In solchen Momenten brauchen wir Halt und Kraft. Wir scheitern nicht daran, sondern wir lernen, trotzdem „Ja" zu sagen, wieder aufzustehen und uns erneut an der Aufgabe zu versuchen. Wir sind dem Leben gewachsen!

Dies ist eine Lebenserfahrung. Je mehr Schwierigkeiten wir bewältigen, umso mehr Vertrauen entwickeln wir in unsere Fähigkeit, mit Fehlschlägen umzugehen. Wir lassen uns nicht mehr nur verunsichern, sondern wir finden für uns angemessene Lösungen. Es gibt für jeden einen Weg, auch wenn er nicht immer einfach ist. Jeder muss seine eigenen Erfahrungen machen. Es liegt immer an uns zu wählen, ob wir aufgeben oder aber mutig weitergehen und uns dem Leben stellen.

„Es gibt viel mehr Leute, die freiwillig aufgeben, als solche, die echt scheitern ..."

(Henry Ford, 1863-1947, Gründer der Ford Motor Company)

Der Vergleich mit anderen Menschen macht es möglich, sich selbst einzuordnen. Viele Menschen wissen mehr und erreichen Größeres als man selbst. Sie mögen bessere Voraussetzungen haben - durch eine bessere Ausbildung, bessere Beziehungen oder auch mehr Glück im Leben. Andere Menschen müssen dagegen mit Lebensumständen fertig werden, die wir selbst nicht auszuhalten brauchen. Sie leben in widrigen oder gar kriegerischen Verhältnissen, haben weder eine Ausbildung noch Chancen darauf. Öffnen wir die Augen und sehen wir genau hin, wo wir selbst stehen: Dort ist nicht nur Mangel, sondern es gibt mit Sicherheit viel Potenzial zu entdecken.

Es macht Mut zu sehen, wie sich Menschen aus schwierigen Verhältnissen durch den Glauben an sich selbst das erarbeiten und erreichen, was sie sich wünschen. Sie sind überzeugt, dem Leben gewachsen zu sein, und genau das haben sie sich und der Welt bewiesen.

Einladung zu einem Körperexperiment:

Der Körper drückt Gefühle aus. Körpersprache ist eindeutiger als Worte.

Probieren Sie es selbst:

Wie drücken Sie mit Ihrem Körper Angst und Unsicherheit aus? Nehmen Sie eine entsprechende Körperhaltung ein. Versuchen Sie, die Haltung und das Gefühl zu verstärken. Bleiben Sie einen Moment in dieser Stellung. Beobachten Sie Ihre Gefühle.

Wechseln Sie entschlossen und abrupt in die Siegerpose: Strecken Sie die Arme über den Kopf, öffnen Sie Ihren Brustkorb, machen Sie sich weit und groß. Beobachten Sie, wie sich Ihr Gefühl verändert.

Mein Leben liegt in meiner Hand.

Anna
Stuarts Lake, South West Port Mouton, Nova Scotia, Kanada

Anna ist 9 Jahre alt, als das Bild gemacht wird. Sie kauert auf einem Stein am Rande eines Sees und verspritzt Wasser mit ihrer kleinen Hand. An ihrer Aufmachung ist zu sehen, dass sie im Moment nicht Anna ist ...

Sie hat im Wald gespielt, auf einer Lichtung, hat mit Steinen einen Kreis gelegt und diesen zur Höhle erklärt. Sie spricht mit den Hunden und den Eichhörnchen, erfindet für Zweige und Tannenzapfen wichtige Rollen. Anna geht völlig auf in ihrem Spiel.

Kinder halten es für ganz selbstverständlich zu bestimmen,

was in ihrem Spiel passiert.

Sie führen die Regie in einem Spiel, das eine Generalprobe für ihr Leben ist.

Der Kinder-Glaube, ja die Gewissheit, selbst das Schicksal bestimmen zu können,

ist völlig natürlich – das Leben liegt doch in ihrer Hand!

Es ist kinderleicht.

Mein Leben liegt in meiner Hand.

Das Leben ist eine Reise: Wir bewegen uns auf unserem Weg, gehen von einem Punkt zum nächsten und haben ein Ziel vor Augen. An Abzweigungen wägen wir ab, ob wir eine neue Richtung einschlagen und ein neues Ziel anvisieren sollen, oder ob wir den alten Weg weitergehen. Wir entscheiden, wo wir ankommen wollen.

Das Leben liegt in unserer Hand. Die letzte Entscheidung, ob wir etwas tun oder nicht, haben immer wir selbst. Und dennoch, ob wir am Ende genau dort sein werden, wo wir sein wollen, das hängt nicht alleine von unserem Willen ab. Andere Menschen müssen uns unterstützen, es gehören auch Glück und günstige Umstände dazu. Wir treffen auf Bedingungen, die wir nicht selbst gewählt haben, und im Verlauf jeden Lebens entstehen Zwänge. Die Notwendigkeit, sich seinen Lebensunterhalt verdienen zu müssen, engt Freiheiten ein. Der Wunsch, eine Familie zu gründen, bringt weitreichende Verpflichtungen mit sich. Die Gesellschaft, in die man hinein geboren wurde, verlangt ein gewisses Maß an Mitwirkung, wollen wir als vollwertiges und anerkanntes Mitglied darin leben. Manchmal fühlt sich Leben fremdbestimmt an: Eltern, Kinder, Partner, Freunde, Vorgesetzte, gesellschaftliche Erwartungen - überall begegnen uns Anforderungen. Ein Netz von Erwartungen, welches sich immer engmaschiger um uns legt.

Liegt das Leben wirklich in unserer Hand?

Manchmal lassen wir andere Regie in unserem Leben führen und spielen eine Rolle, die sie uns zuweisen. Passen wir uns vielleicht zu bereitwillig an? Wenn wir es allen Recht machen wollen, verlieren wir Selbstbestimmung und Eigenständigkeit aus den Augen. Es könnte passieren, dass wir uns später auf einem Weg wiederfinden, den wir eigentlich nicht gehen wollten.

Schuld zuzuweisen macht keinen Sinn. Die Erkenntnis, im eigenen Leben nicht selbst Regie geführt zu haben, muss dennoch erst einmal verkraftet werden. Danach ist es an der Zeit herauszufinden, inwieweit wir fremdbestimmte Rollen weiterspielen oder nicht und was wir verändern wollen.

Der Wechsel von einem alten in ein neues Verhaltensmuster gelingt nicht von einem Moment auf den anderen. Zunächst gibt es Stillstand und Unsicherheit. Während das alte Muster nicht mehr funktioniert, steht uns noch kein neues zur Verfügung. Verwirrung und Leere wollen ausgehalten sein, bevor wir uns neu orientieren, wieder an Sicherheit gewinnen und uns zutrauen, bewusst zu entscheiden, welche Rollen wir spielen.

Nicht in allen Lebensbereichen haben wir gleich viel Handlungsspielraum, aber überall können wir Raum finden, authentisch zu sein und das zu tun, was für uns stimmig und richtig ist. Es ist ein Lernprozess, bewusst eigene Entscheidungsmöglichkeiten zu erkennen und den Mut aufzubringen, diese zu nutzen.

Jede Weggabelung verlangt eine Entscheidung. Mit Mut und Selbstbewusstsein nehmen wir unser Leben in die Hand und verfolgen den eigenen Weg zu einem selbst bestimmten Ziel.

Ich mache aus jedem Tag einen guten Tag.

Hütte am Stuarts Lake
South West Port Mouton, Nova Scotia, Kanada

Der See ist ein Ort der Ruhe und des Rückzugs. In der kleinen Hütte ist die Erhabenheit der Nähe zur Natur zu spüren. Bäume wachsen durch das Dach. Auf Felsen im See gebaut, ist sie fast mehr dem Wasser als dem Land zuzuordnen.

Schnee - auf den Zweigen der Büsche und Bäume, auf den Gräsern, auf der Erde, auf dem Dach der Hütte. Der Schnee macht die Stille noch stiller.

Die Stille des Ortes korrespondiert mit einer Stille in mir.

Die besonderen Bedingungen des Winters verstärken diesen Eindruck:

Schnee dämpft Geräusche, Kälte lädt zum Verharren vor dem Kamin ein.

An einem Ort der Ruhe und des Rückzugs

kann ich ganz bei mir sein, kann mich sammeln und zu meiner inneren Kraft finden.

Das ist der ideale Ausgangspunkt,

um aus jedem Tag den besten meines Lebens zu machen!

Ich mache aus jedem Tag einen guten Tag.

Tatkraft, Lust am Leben, Optimismus, Vertrauen.
Diese Affirmation suggeriert starke Eigenschaften und katapultiert uns damit in einen Tag, der einfach *gut* werden muss!

„Ich wünsche Ihnen einen guten Tag!" - Diese Aussage ist rund um die Welt ein üblicher Gruß, wenn sich Menschen begegnen. In allen Kulturen wünschen Menschen sich gegenseitig Gesundheit und Freude, Sonnenschein, gutes Gelingen der Tagesgeschäfte, kurz: einen glücklichen Tag.

„Namaste" - Ich verbeuge mich vor (dem Licht in) Dir. Dieser Gruß, der ursprünglich aus Tibet bzw. aus dem Indischen kommt, findet auch in den westlichen Ländern Freunde. Bescheidenheit, Respekt und Achtung drücken sich in einer einfachen Geste aus: Die Handflächen werden vor der Brust aneinander gelegt, man neigt respektvoll den Kopf und entbietet den Gruß mit einem Lächeln. Es kommen Bereitschaft und Offenheit darin zum Ausdruck, uns in Demut vor der Welt und anderen Menschen lächelnd zu verneigen, ihre Weisheit und Güte anzunehmen, und was uns begegnet zu achten.

Begegnen wir dem Tag mit einem Lächeln.

Nicht ausschließlich *was* passiert, sondern vor allem *was wir daraus machen* bestimmt, ob wir einen guten Tag haben und das erhoffte Glück finden. Dass wir selbst großen Anteil daran haben, welche Bilanz wir am Ende eines Tages ziehen können, ist absolut kein neuer Gedanke. Gerade in Zeiten, die nicht ganz einfach sind, beweist sich Lebenskunst. Nicht Klagen hilft weiter, sondern mutig seinen Standpunkt zu finden. Der Tag ist nicht von alleine gut oder schlecht, sondern in den Dingen, die uns begegnen, können wir das finden, was unseren Tag *gut* macht.

„Gib jedem Tag die Chance, der schönste Deines Lebens zu werden."
(Mark Twain, 1835-1910, amerikanischer Schriftsteller)

Wir haben die Wahl, das Negative oder das Positive zu sehen. Wir haben die Wahl, unseren Blickwinkel zu verändern. Unsere innere Haltung gibt uns den Schlüssel in die Hand, der uns die Tür zu einem gelungenen Tag öffnet. Wir brauchen nicht darauf zu warten, dass etwas Großes geschieht, vielmehr sind es die Kleinigkeiten, die uns freuen und aus denen wir Kraft schöpfen. Begegnen wir uns selbst bewusst, gibt es viel zu entdecken! Es ist unsere Entscheidung, den Blick auf Potenzial statt auf Mangel zu lenken, Fähigkeiten statt Defizite zu erkennen. Zu würdigen, was da ist, statt zu beklagen, was fehlt.

Bewusst-Seins-Übung:

Was gibt es JETZT, in diesem Augenblick, das Sie würdigen können?

Sehen Sie sich in sich selbst um.

Sehen Sie sich im Raum um.

Finden Sie selbstverständliche Dinge. Entdecken Sie darin Ihren Reichtum.

Namaste!
Haben Sie einen *guten* Tag!

Meine Seele ist frei.

Runder Drachen
Magdalenen Inseln, St. Lorenz-Golf, Québec, Kanada

Jeden Sommer findet auf den Inseln ein großer Wettbewerb statt: Wer lenkt seinen Drachen besonders geschickt und gefühlvoll? Wer malt die schönsten Figuren in den Himmel? Wer bewegt seinen Drachen am kunst- und phantasievollsten? Es ist ein buntes und lustiges Spektakel.

Der einladend bunte Drachen auf dem Bild

„begrüßt" die Besucher der Veranstaltung.

Die Leichtigkeit, mit der er sich im Wind wiegt, vor dem intensiven Blau

des Himmels, strahlt starke Anziehungskraft aus. Bunt, schön, prall, großzügig, frei.

Die Öffnung in der Mitte des Drachens wirkt wie ein Tor zum Himmel,

so als könnte beim Durchschreiten ein Versprechen Wirklichkeit werden.

Eine Sehnsucht in mir verselbstständigt sich und strebt diesem Tor entgegen.

Kann meine Seele dort völlige Freiheit fühlen?

Meine Seele ist frei.

Weite hat eine besondere Wirkung auf die Seele. Wir ahnen, wie sich Unendlichkeit anfühlt, wenn wir in den Himmel blicken. Die Weite des Meeres löst Ähnliches in uns aus: ozeanische Gefühle.

Ich bin überzeugt davon, dass die Schwingung der Energie des großen, allumfassenden Raumes mit unserer Seele korrespondiert. Die genauen Zusammenhänge kennen wir noch nicht, aber es gelingt der Wissenschaft immer exakter nachzuweisen, was wir Menschen in uns fühlen: Da ist eine Energie, die alles Sein durchdringt und auch unsere Seele erreicht. Wir fühlen uns frei.

In der Geschäftigkeit des Alltags, in Verpflichtungen und Notwendigkeiten, geht häufig unter, was die Seele nährt. Wir selbst sind es, die auf diese Weise die Welt enger und unfreier machen, und nicht selten verlieren wir den Kontakt zu unserer Seele. Materielles Wohlergehen steht mehr im Vordergrund als die Erfüllung seelischer Bedürfnisse. Am Wohlstand lesen wir den Grad vermeintlicher Freiheit ab und laufen Gefahr, sie dabei zu verlieren.

Sehen wir durch diese Brille auf die Welt, verengt sich der Blick weiter: Politik und Globalisierung konzentrieren sich weitaus stärker auf wirtschaftliches Wachstum als auf Menschlichkeit. Sie tragen dazu bei, das Bild einer seelenlosen Welt zu verstärken. Aber wir müssen diese Brille nicht aufsetzen. Wir sind frei, auf unsere innere Welt zu sehen und dort die Menschlichkeit zu entdecken, die wir in der Gesellschaft vermissen. Mit dem, was wir tun, können wir der Welt mehr Seele zurück geben.

„Ein Wanderer bist du. Nicht Welten durchwanderst du,
nicht Wege auf diesem Planeten, auch nicht verschiedene Leben;
Landschaften deiner Seele sind es, die du durchwanderst.

Deine Seele ist ein Universum; geheimnisvoll und sich selber unbekannt.
Deine Seele durchwandert sich selbst, und während sie sich erlebt und erforscht,
offenbart sie sich; und während sie sich offenbart, verwirklicht sie sich;
und während sie sich verwirklicht, erweckt sie sich.

Das ist die Reise deines Lebens."

(Aus: Die Stimme des Herzens von Safi Nidiaye)

Durchwandern wir uns selbst, erforschen wir uns und verwirklichen wir uns. Darin liegt unsere innere Freiheit.

Einladung zu einem Experiment:

Stellen Sie sich bequem hin, verteilen Sie Ihr Gewicht gleichmäßig auf beide Füße.

Lassen Sie die Affirmation auf sich wirken:

„Meine Seele ist frei."

Können Sie den Satz mit Hingabe aussprechen?

Verspüren Sie einen Impuls?

Vielleicht finden Sie eine Haltung oder eine Bewegung, in der sich Ihre Gefühle zu „Freiheit" und „Seele" widerspiegeln.

Ich habe meinen Platz im Leben.

Mohnblumen am Straßenrand
In der Nähe von Madrid, Spanien

Üppig wächst der Klatschmohn neben der Straße, zwischen Gräsern und Getreidehalmen. Er wuchert wie Unkraut.

Dabei ist er eine Schönheit, die mit ihrem feurigen Rot vor dem blauen Himmel alle Augen selbstbewusst einlädt zu verweilen und sich am Anblick der Blüte zu erfreuen.

Obwohl mitten im Gedränge der Vielfalt, steht doch jede einzelne Pflanze für sich.

Sie existiert neben den anderen, unabhängig von ihnen.

Von ganz alleine wird aus den Samen das, was in ihnen angelegt ist;

dort, wo sie im Erdreich ihren Platz gefunden haben.

Es spielt keine Rolle, wo jedes „Ding“ seinen Standort hat.

Selbst im Straßengraben, dort wo dieser Klatschmohn wächst,

hat jede Blume und jede Pflanze einen Platz.

IHREN Platz. Es ist genug für alle da.

Ich habe meinen Platz im Leben.

Ein Leben ist eingebettet. Wir werden in eine bestimmte Welt hineingeboren und fühlen uns dort verwurzelt durch Sprache und Kultur, durch Familie, durch persönliche Bindungen und durch das, was wir tun. Vertrauen, Liebe, Anerkennung und Erfolg geben uns Zuversicht und Sicherheit. Wir fühlen uns zugehörig und haben unseren Platz.

In glücklichen Zeiten fließt das Leben wie von alleine. Es ist leicht, das Leben anzunehmen und seinen Platz selbstverständlich auszufüllen. Wir fühlen uns wohl mit dem, was wir tun, und fühlen uns getragen von den Menschen, mit denen wir zusammen sind.

Trotzdem: Wer kennt nicht den Zweifel? Wer kennt nicht die Unsicherheit in weniger glücklichen Zeiten? Haben wir ihn wirklich - einen festen Platz?

Wir sind nicht auf die gleiche Art und Weise im Leben verwurzelt wie die Blume am Straßenrand. Wir verändern unseren Standort und unseren Standpunkt. Wir kennen Zeiten, in denen wir uns sogar verloren fühlen zwischen den Welten, haltlos und ungeliebt. Wir müssen uns neu orientieren, wieder zu unseren Wurzeln zurückfinden. Die Suche nach meinem Platz im Leben ist eine innere Suche. Sie ist eng verwoben mit der Suche nach einem Sinn im Leben.

Das Leben mutet uns regelmäßig Veränderungen zu, die uns von unseren Wurzeln abschneiden:

- Die Ablösung vom Elternhaus ist für viele die erste große Veränderung: erwachsen und selbständig werden, einen Beruf erlernen, eine eigene Familie gründen. Jeder muss seinen Platz neu definieren.
- Soziale Veränderungen aufgrund eines Arbeitsplatzverlusts treffen viele Menschen ungewollt. Wer einen neuen Arbeitsplatz an einem anderen Ort findet, muss viel aufgeben. Wer keinen Arbeitsplatz findet, gerät in weitreichende persönliche Krisen.
- Das Scheitern einer Beziehung kann uns aus der Bahn werfen. Trennung ist mit Trauer, Wut und tiefer Unsicherheit verbunden. Der leere Platz an der Seite löst auch ein Gefühl von innerer Leere aus.

- Der Verlust einer geliebten Person kann uns den Boden unter den Füßen wegziehen. Der Tod nimmt uns Menschen, die uns wichtig waren, und wir zweifeln vielleicht, ob unser eigenes Leben noch Sinn hat.
- Schwere Krankheit verändert den Sinn eines Lebens. Sie zwingt zur Auseinandersetzung mit Angst, Zweifel und Schmerzen. Wir durchleben Phasen der Unsicherheit und erfahren darin Angst vor Veränderung als eine Spielart der Angst vor dem Tod, die mit uns macht, was sie will.

Gemeinsam ist allen Krisen eine Erfahrung: Sicher ist, dass nichts sicher ist. Jedes Lebenskonzept ist vergänglich, Veränderungen können sich unerwartet und unerwünscht einstellen. Vergänglichkeit und Tod sind unumstößliche Tatsachen unseres Lebens. Doch gerade in Krisenzeiten spüren wir uns selbst intensiver als in anderen Lebensphasen. Aus dem Bewusstsein, dass Vergänglichkeit immer Bestandteil alles Lebenden ist, können wir Kraft und Zuversicht gewinnen.

Wir wollen leben, wir wollen unser Glück zu fassen bekommen, wir wollen uns spüren! Gerade weil es keine Planungssicherheit geben kann, dürfen wir uns voller Lust auf das Leben einlassen. Wir wachsen an dem, was wir persönlich erleben. Wie wir anderen begegnen, und wie wir für sie da sind, ist mit unserer Person verbunden. Wir erfahren, dass wir etwas zu geben haben, das einmalig ist. Jeder ist unersetzlich und unnachahmlich.

„Es gibt einen Platz, den du füllen musst, den niemand sonst füllen kann und es gibt etwas für dich zu tun, das niemand sonst tun kann."
(Platon, 428/427 v. Chr. - 348/347 v. Chr, griechischer Philosoph)

Ich achte und respektiere mich.

Herbstblätter
Stuarts Lake, South West Port Mouton, Nova Scotia, Kanada

Der Herbst färbt die Blätter der Bäume. Nova Scotia ist beliebt bei Touristen, die das Naturspektakel der Baumfärbung betrachten und genießen möchten. Roter Ahorn, gelbe Birken, orange Eichen.

Auf diesem Bild ist ein unscheinbarer Ausschnitt zu sehen: überwiegend gelbe Blätter in gewöhnlicher Färbung, stellenweise noch grün oder schon braun. Das Bild ist nur teilweise scharf, nicht alle Kanten und Konturen sind deutlich zu erkennen.

Auch das Unscheinbare verdient Respekt. Das gelbe Blatt der Birke

durchläuft den gleichen Prozess wie das leuchtend rote Ahornblatt.

Es ist nicht weniger wert, sondern es „verdient" die gleiche Achtung.

Das Bild ist nicht perfekt, es ist unscharf. – „Wie die Anteile einer Persönlichkeit",

so geht es mir durch den Kopf. Betrachte ich eine Person, zeigt sich nur ein

winziger Ausschnitt „scharf". Nur eine Kontur ist im Vordergrund sichtbar,

die restlichen Persönlichkeitsanteile verschwimmen in diesem Moment

im Hintergrund. Dennoch sind sie unbestreitbar da,

machen die Person ebenfalls aus.

Ich achte und respektiere mich.

Selbstachtung und Selbstrespekt sind die wichtigsten Grundlagen für Selbstvertrauen und Selbstsicherheit. Fragen wir uns: Achten wir uns selbst genug? Lernen wir aus dem, was wir richtig machen ebenso wie aus dem, was nicht gelingt?

Wofür achten Sie sich? Wofür bringen Sie sich Respekt entgegen?

Einladung zu einem Experiment:

Nehmen Sie ein Blatt Papier und falten Sie das Blatt in der Mitte oder ziehen Sie einen Strich von oben nach unten. Schreiben Sie die Affirmation als Überschrift.

Linke Spalte:

Worin haben Sie heute bereits Ihre Selbstachtung gespürt?

Was haben Sie getan, wofür Sie sich achten und respektieren?
Denken Sie nun auch in die Vergangenheit: Wofür bringen Sie sich Respekt entgegen?

Schreiben Sie auf, was Sie gut machen! Auch winzige Kleinigkeiten zählen.

Rechte Spalte:

Rein vorsorglich gibt es diese Spalte, falls Ihnen etwas einfällt, wofür Sie sich keinen Respekt und keine Selbstachtung entgegen bringen. Überprüfen Sie, welche Gründe Sie dafür haben.

Impulse:

Zollen Sie sich selbst Respekt für das, was Sie tun?
Achten Sie sich für die Dinge, die Sie gut machen?
Oder tadeln Sie sich häufig, wenn etwas schief geht?
Messen Sie sich an hohen Werten?
Oder können Sie auch kleine Erfolge würdigen?
Nach welchen Kriterien verteilen Sie Achtung und Respekt?

Erfahrungsgemäß halten wir Erfolg eher für selbstverständlich, während wir uns für den geringsten Misserfolg bereitwillig tadeln. Sich selbst anzuerkennen für Leistungen und Erfolge, ist jedoch keine Überheblichkeit, sondern Voraussetzung für gesundes Selbstbewusstsein und Selbstvertrauen. Obwohl wir das wissen, haben viele von uns Schwierigkeiten, sich selbst bewusst zu achten, sich mit Respekt zu behandeln.

Was wir tun und wie wir es tun, macht uns aus, darin spüren wir uns. Vielleicht tun wir nicht immer das „Richtige", aber wir bemühen uns um Antworten auf veränderte Lebenssituationen. Wir suchen nach uns selbst. Wir suchen nach Sinn in unserem Leben. Wir finden uns dort erfüllt, wo wir im Einklang mit unseren Fähigkeiten und Bedürfnissen leben, das gibt uns Selbstvertrauen. Im Annehmen und Respektieren der eigenen Leistungen und Grenzen wachsen wir.

Was steht auf der anderen Seite von Selbstrespekt? Ist es Selbstzweifel? Selbstkritik? Selbstverurteilung? Enttäuschung über sich selbst?

Aus einer gesunden Selbstkritik lässt sich viel Potenzial schöpfen. Sowohl im Scheitern als auch in der Enttäuschung können wir eine Grundhaltung von Respekt und Achtung bewahren. Auch für Dinge, die wir *nicht* erreichen, gebührt uns Achtung, denn wir können weiter daraus lernen: Die Erwartungen waren zu hoch, die Bedingungen ungünstig, der Zeitpunkt schlecht, unsere Vorbereitung schwach - was immer es auch war: Scheitern ist menschlich und gehört zu persönlichem Wachstum. Es kann die Bereitschaft stärken, dem Leben mit Achtung zu begegnen und die Menschen mit ihren Licht- wie ihren Schattenseiten anzunehmen. Andere Menschen und uns selbst. Darin liegen Achtung und Respekt.

Ich stehe für mich ein.

Wofür stehe ich?
In der Begegnung erfahre ich, wer ich bin.

> *Mit beiden Füßen stehe ich fest auf dem Boden, spüre den Kontakt. Ich bin geerdet.*
>
> *Mein ganzer Körper hält seine Spannung, die Arme streben nach oben, dem Himmel entgegen. Die Schultern entspannen sich, fallen nach unten, während der Körper kraftvoll bleibt, von den Zehen bis in die Fingerspitzen.*
>
> *Ich öffne mich der Welt und bin bereit, meine Energie zu spüren. Körper und Geist sind ganz präsent. Ich spreche den Satz und spüre der inneren Wirkung nach: „Ich stehe für mich ein."*

Menschen sind vielseitig. Jeder ist anders. Um das zu sein und immer mehr zu werden, was wir sind, brauchen wir Raum: äußerlich und innerlich. Vor allem der Raum, den wir uns selbst zugestehen, lässt uns Freiheit erfahren.

In dem wir uns selbst und die Welt akzeptieren, öffnen wir den Raum hin zum Unendlichen, zu immer wieder neuen Erfahrungen. Wir können uns darin entfalten, dürfen zulassen, was ist. Echte Begegnung zwischen uns selbst und der Welt ist dann möglich, wenn wir Mut zu uns selbst haben.

Wir lassen uns berühren, von der Natur und von Menschen. Wir zeigen Gefühle und empfinden Anteilnahme. Wir wagen es, uns anzuvertrauen und uns anderen zuzumuten - mit unseren Begrenzungen und Hoffnungen. Begegnung, in der wir uns selbst erfahren.

Ich stehe für mich ein.

Ich bin gut genug.

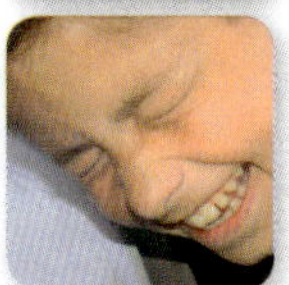

Meine Gefühle machen mich menschlich.

Ich lasse alle Masken fallen.

Was ich fühle, stimmt für mich.

Ich lasse es zu, gerührt und berührt zu sein.

Ich akzeptiere mich in meiner vollkommenen Unvollkommenheit.

Ich wage es, mich zu zeigen wie ich bin.

Ich bin bereit, mich anderen zuzuMUTen.

Es ist wie es ist.

Ich stehe für mich ein.

Pusteblume
Irgendwo im Wald zwischen Port Mouton und South West Port Mouton, Nova Scotia, Kanada

In der Mitte von Kiefernzweigen fallen mir die zwei weißen, vollen Dolden einer Pusteblume auf. Sie sitzen auf kerzengeraden Stängeln.

Mit hoch erhobenem „Kopf".

Die Dolden strahlen Stärke aus –

ja, ich möchte sogar von Selbstsicherheit sprechen.

Die stacheligen Nachbarn scheinen ihnen keinerlei Ängste einzuflößen.

Unbeirrt tragen sie zur Schau, was sie zu zeigen haben.

Es stört sie nicht, dass sie beträchtlich auffallen in dieser Umgebung,

sondern sie stehen wie selbstverständlich da, so wie sie sind.

Sie stehen für sich ein.

Ich stehe für mich ein.

Wie deutlich nehmen wir etwas wahr, dessen Form sich klar von seinem Umfeld abhebt!

Was klar sichtbar ist, zieht Blicke auf sich: Die einen fühlen sich angezogen und betrachten voller Wohlwollen, was sie sehen. Andere finden möglicherweise nichts, was sie einlädt länger hinzuschauen, sie wenden sich ab. Für den Gegenstand, der betrachtet wird, spielt das keine Rolle. Er bleibt, was er ist - unverändert.

Bei Menschen ist das anders. Menschen verändern sich, wenn sie betrachtet werden. Werden wir mit Wohlwollen betrachtet, fühlen wir uns unterstützt. Wir entwickeln mehr Selbstsicherheit. Durch die anerkennenden Blicke erfahren wir Bestätigung und schöpfen Mut und Kraft daraus.
Werden wir mit Ablehnung betrachtet, löst dies ebenfalls einen Prozess aus. Ein Gefühl von Verunsicherung könnte die Resonanz in uns sein. Wir zögern und verlieren Vertrauen zu uns selbst. - Aber auch das Gegenteil ist denkbar: Gerade weil wir abgelehnt werden, verfolgen wir unseren Weg umso hartnäckiger. Unser Widerstand wird von Trotz oder Wut genährt. Wir mögen in diesem Falle zwar für uns einstehen, aber wir sind dabei nicht in einem guten Kontakt mit uns selbst. Wir tun es, weil wir uns gegen etwas wenden: gegen die Missbilligung, die uns trifft.

Bestätigung und Ablehnung durch andere sind - bewusst oder unbewusst - ein starkes Handlungsmotiv. Stehen wir für uns ein, können wir dafür geschätzt und angenommen werden. Aber gleichzeitig sind wir auch angreifbar, wenn wir Profil zeigen.

Es ist unangenehm, im Kreuzfeuer der Kritik zu stehen und ablehnende Blicke auf sich zu ziehen. Verständlicherweise wollen wir das vermeiden. Wir versuchen stattdessen, uns anzupassen und es anderen Recht zu machen.

Autoritätspersonen zu widersprechen, ist mit besonderem Mut verbunden. Als Kinder lernen wir, Eltern, Lehrern und anderen Erwachsenen als Respektpersonen nicht oder nur aus wichtigem Grunde zu widersprechen. Nehmen wir dieses Verhalten in unser Erwachsenenleben mit, wird das natürliche Bedürfnis nach Selbstbestimmung in Widerspruch geraten zu dem kindlich-ängstlichen Bedürfnis, Ablehnung zu vermeiden. Halb bewusst, halb unbewusst ringen Gefühle miteinander und wir sind oftmals unsicher, welchen wir folgen sollen.

- Bemerken Sie solche Unsicherheiten auch hin und wieder?
- Wie gehen Sie damit um?
- Welche Gefühle können Sie für sich ausmachen?
- Welche Bedürfnisse streiten miteinander?
- Wie schlimm ist es, einen Konflikt aushalten zu müssen?
- Sind Sie es sich wert und haben Sie die Kraft, für sich selbst einzustehen?

Sie entdecken etwas über sich und Ihre Glaubenssätze, wenn Sie sich diese und ähnliche Fragen beantworten. Sie erkennen gelernte Muster und erfahren mehr über sich selbst.

Einladung zu einer Wahrnehmungsübung:

Nehmen Sie einen tiefen Atemzug.

Einatmen - innehalten - ausatmen.

Richten Sie Ihren Körper selbstbewusst auf.

Sprechen Sie den Satz: *„Ich stehe für mich ein."*

Spüren Sie der Wirkung des Satzes nach.

Nehmen Sie einen tiefen Atemzug.

Einatmen - innehalten - ausatmen.

Ich bin gut genug.

Schneckenhaus
Magdalenen Inseln, St. Lorenz-Golf, Québec, Kanada

Eine Muschel im Sand, ein Schneckenhaus. Wie ist diese Form entstanden? Ein Wunder der Natur, selbst jetzt noch zu erkennen, obwohl an den Kanten Stücke herausgebrochen sind. Die Schale ist angeknackst. Alter hinterlässt unwiderruflich seine Spuren. Leben fordert seinen Tribut.

Das offensichtlich Gemeinsame zwischen der Muschel und jedem Menschen

ist die Tatsache: Nobody's perfect – keiner ist vollkommen.

Die Zeit braucht uns auf und Verletzungen hinterlassen Wunden.

Erstaunlicherweise gehen wir oft gestärkt statt geschwächt weiter.

Ja, wir sind verletzlich – muss uns nicht umso mehr

jede individuelle Erscheinungsform wie ein Wunder erscheinen?

Ich erkenne in diesem Bild eine Schönheit, die in mir ein wohltuendes,

warmes Gefühl auslöst – gerade deshalb, weil niemand und nichts perfekt,

aber gut genug ist.

Ich bin gut genug.

Mit meinen Ecken und Kanten stoße ich an.

Und trotzdem: Ich bin gut genug.

Ich mache Fehler, wenn ich unkonzentriert bin. Ich treffe manchmal falsche Entscheidungen. Es passiert auch ab und zu, dass mir die rechte Lust zum Arbeiten fehlt und ich bringe nichts zustande.

Und trotzdem: Ich bin gut genug.

Vermeintlich perfekte Vorbilder prägen meine Erwartungen ebenso wie diejenigen der Gesellschaft. Meine „Mängel" werden mir deutlich und das setzt mich gelegentlich unter Druck. Ich weiß, dass ich viele Erwartungen nicht erfüllen kann und muss andere enttäuschen. Ich kann vieles nicht leisten, was in den Augen anderer wünschenswert wäre.

Und trotzdem: Ich bin gut genug.

Wir wissen, dass Persönlichkeit Kanten hat, dass Fehler Erfahrungen erst ermöglichen und dass niemand perfekt sein kann. Trotzdem sind wir enttäuscht, wenn wir hinter Erwartungen zurückbleiben. Ziele überfordern uns, wir orientieren uns an Ansprüchen, die wir nicht erfüllen können. Doch Wissen und Fühlen sind offensichtlich zweierlei. Während wir uns mit dem Verstand deutlich machen können, dass jeder Grenzen hat, beschleichen manchen von uns dennoch immer wieder Selbstzweifel: Sind wir trotz unserer Begrenzungen tatsächlich gut genug?

Was passiert da? Welche Ängste bestimmen uns?

Die Angst, nicht gut genug zu sein, schafft inneren Stress. Können wir die vermeintlichen Ansprüche der Welt an uns nicht erfüllen oder den Anforderungen des Lebens nicht gerecht werden, fühlen wir uns unzureichend. Wir vermuten oder fürchten, nach Maßstäben beurteilt zu werden, die zu hoch gesteckt sind. Aber wir legen diese Maßstäbe selbst fest, wenn wir uns ihnen unterwerfen, und schüren unsere Angst zu versagen. Wir quälen uns zuweilen mit Fragen und Vermutungen, die unbeantwortet und unbestätigt bleiben, aber negative Wirkung haben:

- „Ich kann das nicht."
- „Was werden die anderen denken?"
- „Ich darf keinen Fehler machen!"
- „Wie stehe ich jetzt da?"
- „Ich bin nicht gut genug."

Gedanken sind mächtig. Gelingt es, unsere Gedanken statt auf den Mangel auf unser Potenzial zu lenken, wird sich schnell eine positive, ermutigende Wirkung zeigen. Wir wissen doch, dass es schlicht nicht möglich ist, perfekt zu sein! Das scheitert bereits daran, dass niemand bestimmen kann, was „perfekt" bedeutet. Jeder Mensch ist anders und begegnet auf seine Weise dem Leben. Jeder ist gut genug. Unsere Eigenheiten machen uns zu dem, was wir sind. Fehler ermöglichen uns Erfahrungen und damit unsere ganz persönliche Entwicklung. An unseren Aufgaben und im Dialog mit anderen, ebenfalls nicht perfekten Menschen, wachsen wir und finden Maßstäbe, die uns gerecht werden: Wir leben unser eigenes Leben - wir sind gut genug.

Einladung zu einer Wahrnehmungsübung:

Schließen Sie die Augen und sprechen Sie innerlich:
„Ich bin gut genug."

Spüren Sie der Wirkung des Satzes in Ihrem Körper nach.

Finden Sie eine Körperhaltung, die Ihrem Gefühl entspricht!

Unterstützen Sie mit dieser Haltung bewusst Ihr Gefühl, gut genug zu sein.

Meine Gefühle machen mich menschlich.

Leon
Quarterdeck Restaurant, Summerville Beach, Nova Scotia, Kanada

In einer kleinen Gesellschaft von acht Leuten, im Alter zwischen 14 und 56 Jahren, wird durcheinander geredet, gelacht, gealbert. Jeder ist mit jedem in Kontakt, die Stimmung ist fast überschwänglich.

Es geht lustig zu, mal leise, mal laut, und immer mal wieder gibt es etwas zu lachen. Das ist herzerfrischend.

Menschliche Gefühle übertragen sich auf einer unsichtbaren,

jedoch deutlich spürbaren Wellenlänge.

Ein Lächeln ist bereits ansteckend,

ein herzliches Lachen nimmt andere noch viel mehr mit,

es löst Spannungen auf.

Es gehört Mut dazu, sich Gefühle einzugestehen,

sie willkommen zu heißen und sie auch zu zeigen.

Meine Gefühle machen mich menschlich.

Gefühle zu zeigen, ist sehr menschlich.
Aber: Ist es deshalb auch eine Selbstverständlichkeit? Möglich. Aber ich glaube, das ist nur auf den ersten Blick so.

Auf den zweiten Blick erscheint es mir nicht mehr so selbstverständlich. Sehe ich mich bewusst um, fällt mir auf, dass viele Menschen ihre Gefühle lieber verbergen. Ich erlebe, dass sie Gefühle vorgeben und häufig nicht sicher sind, was sie überhaupt fühlen.

Viele Menschen können ihr Lachen zeigen, das Weinen jedoch wollen sie verbergen. Ist es nicht aber genauso menschlich? Es ist sehr berührend, jemanden weinen zu sehen. Tränen der Ergriffenheit, Tränen tiefer Menschlichkeit, Tränen der Wut, des Schmerzes, der Trauer, der Freude - ganz gleich, aus welchem Grunde sie geweint werden: Tränen zeugen von Menschlichkeit genauso wie ein Lachen.

Gefühle zu zeigen bedeutet, etwas preiszugeben. Wir zeigen Persönliches und schaffen damit Nähe. Kontrolliert aufzutreten schafft dagegen Distanz, die Schutz bietet. Wir halten uns aus dem Geschehen heraus, wenn wir uns gefühlsmäßig nicht oder wenig engagieren. Als Beobachter sind wir weniger verletzbar.

Es ist heute modern, sich kontrolliert und distanziert zu zeigen. „Cool" sein ist zu einer Lebenshaltung geworden: Kleidung, Sprache, Gang, Gesten, gespielte Gelassenheit, distanzierte Überlegenheit, lässige Souveränität, ein kühler Kopf. Was gezeigt wird, ist nur eine Seite menschlicher Vielfalt, ein genau dosierter Ausschnitt.

Einerseits sind Selbstkontrolle und Gelassenheit notwendige Qualitäten. Andererseits verhindert zu viel Kontrolle das Gespür für sich selbst. Es ist ein Balanceakt, sich zwischen Nähe und Distanz, zwischen spontanem Ausdruck und überlegtem Handeln zu bewegen. Geben wir unseren Gefühlen nicht genug Ausdrucksmöglichkeiten, stauen sie sich innerlich auf und erzeugen Druck. Gespielte Gefühle vorzugeben, macht auf Dauer unzufrieden. Lehnen wir eigene Gefühle vielleicht sogar ab oder unterdrücken sie ganz, gehen wir das Risiko ein, daran zu erkranken. Haben wir dagegen den Mut, unsere Gefühle ehrlich wahrzunehmen und auszudrücken, können wir uns in Begegnungen aufeinander beziehen.

Es fällt uns schwer, unangenehme Gefühle mitzuteilen. Trauer oder Hilflosigkeit verbergen wir eher, während Freude und Übermut sich kaum verstecken lassen. Wut muss kanalisiert und in die rechten Worte gekleidet werden, wenn sie nicht verletzen soll. Zuneigung auszudrücken, erfordert Vertrautheit. Wir brauchen dieses Gespür für uns selbst und die jeweilige Situation, um uns offen in Beziehungen einbringen zu können.

„Meine Gefühle machen mich menschlich." - Diese Affirmation ermutigt dazu, Gefühle wahr- und anzunehmen. Erkennen wir, was wir fühlen, haben wir die Wahl, wie wir damit umgehen wollen: Wir können bewusst entscheiden, ob wir beherrscht und distanziert bleiben, oder ob und wie wir unsere Gefühle mit anderen teilen und die Facetten unserer Persönlichkeit zeigen.

Ich lasse alle Masken fallen.

Flechten
Irgendwo im Wald zwischen Port Mouton und South West Port Mouton, Nova Scotia, Kanada

Hier in Nova Scotia gibt es auffallend viele Flechten, weil die Luft klar und sauber, und weil das Meer nie weit weg ist. Die unterschiedlichsten Flechten-Arten wachsen am Boden, auf Felsen, zwischen Gräsern und auf Bäumen. Sie bereichern die Natur durch ihre Vielfalt in Formen und Farben. Hängen die langen Flechten von Ästen und Stämmen herunter, wirkt der Wald Nova Scotias wie eine Urwaldlandschaft.

Schleier aus feinen Fäden seilen sich von den Bäumen ab.

Das sieht geheimnisvoll aus und weckt meine Neugierde.

Was mag sich dahinter verstecken? Soll etwas maskiert werden?

Ich fühle mich an Masken erinnert, die wir Menschen aufsetzen,

um uns zu schützen. Wir zeigen nach außen ein anderes Gesicht

und lenken damit erfolgreich von dem ab, was wir dahinter verbergen.

Die Maske ist im Vordergrund, nicht der Maskenträger.

Ich lasse alle Masken fallen.

Hinter Masken lässt sich etwas verstecken.

Im Karneval führen wir mit Masken andere in die Irre, täuschen sie bewusst, weil wir nur eine bestimmte Seite von uns zeigen wollen. Echte Masken zu tragen ist die Ausnahme. Unsichtbare Maskierungen anzulegen, ist jedoch ein gewohntes Verhalten: Im täglichen Leben verschleiern wir Absichten, Meinungen oder Gefühle - wenn auch manchmal weniger oder gar nicht bewusst.

Normalerweise wollen wir andere nicht absichtlich täuschen, vielmehr dient die Verschleierung unserem Schutz. Wir möchten Abstand halten und zeigen anderen Menschen deshalb nur so viel, wie sie sehen sollen, oder wir zeigen das, wovon wir annehmen, dass andere es sehen wollen. Dahinter stehende Entscheidungsprozesse laufen häufig unbewusst ab. Abhängig vom Ort, von unserem Status oder den Personen, mit denen wir gerade zusammen sind, legen wir uns Verhaltensweisen wie Masken zu, weil sie uns ein Gefühl von Sicherheit geben.

- *Erwachsen - sein:* Man strahlt Sicherheit aus, ist vernünftig statt spielerisch, handelt überlegt, hat einen festen Standpunkt. Man ist vertrauenswürdig und verlässlich.

- *Spaßvogel - sein:* Frisch und frech darf man sich überall einmischen, hat immer einen Kommentar bereit. Man bringt andere zum Lachen und genießt Narrenfreiheit. Geht man einmal zu weit, kann man sich immer hinter diese „Maske" zurückziehen und sagen: „Ich habe doch nur Spaß gemacht."

- *Nörgler - sein:* In allem und jedem findet man etwas Falsches. Man findet immer das Negative und lenkt den Blick auf das Schlechte in der Welt. Andere machen immer Fehler, auf die man aufmerksam machen muss, denn man weiß schließlich, wie man es anders und besser machen könnte.

- *Jammern - müssen:* Wenn es einem nicht richtig schlecht geht, dann geht es einem zumindest nicht so richtig gut. Die Umstände oder andere Menschen, die finanzielle Lage oder die Gesundheit - irgendetwas ist immer Schuld, dass man leiden muss.

- *Leidend - sein:* Man hält eigenes Leid besser aus als Widerspruch oder Widerstand. Man traut sich nicht, zu widersprechen und schließt sich lieber der Mehrheitsmeinung an. Offen

Konflikte auszutragen hält man für eine schlimmere Qual, als emotionale Schieflagen totzuschweigen.

- *Wissen - müssen:* Man gibt sich als wissend, gibt vor, den Überblick zu haben - auch wenn man nicht sicher ist. Auf keinen Fall darf man sich eine Blöße geben, zum Beispiel durch eine „dumme" Frage, sondern man hat Antworten zu haben.

Verhaltensmasken, die als Schutz gedacht sind, können einengen. Nach und nach entfremden wir uns selbst. Haben wir uns lange genug an ein bestimmtes Verhaltensmuster gewöhnt, werden wir am Ende selbst unsicher, wer wir tatsächlich sind. Anstatt unser Verhalten bewusst zu wählen - gerade weil es uns schützen soll -, legen wir unbewusst ein Verhalten an den Tag, hinter dem wir uns verstecken, mit dem wir uns aber möglicherweise selbst schaden.

In dem wir uns achtsam selbst wahrnehmen, können wir maskenhaftes Verhalten bemerken. Lassen wir besseren Kontakt mit allen unseren Anteilen zu, werden wir klarer und können bewusst entscheiden, wie wir uns zeigen wollen. Wir haben wieder eine Wahl.

Einladung zu einer Übung:

Gibt es Situationen, in denen Ihr Verhalten „maskenhaft" ist?

Spüren Sie sich nach.

In welchen Situationen sind Sie ganz Sie selbst?

Wann entscheiden Sie sich bewusst für Ihr Verhalten, wann fallen Sie in ein Muster?

Wann und wie zeigen Sie sich natürlich und unverfälscht?

Entscheiden Sie bewusst, wie viel Sie zeigen und wie viel Sie verbergen möchten?

Unter welchen Bedingungen können Sie alle Masken fallen lassen?

Was ich fühle, stimmt für mich.

Seerose
Central Port Mouton, Nova Scotia, Kanada

Später Nachmittag. Wir sind zu einem verborgenen Fluss am Ende des Stuarts Lake gepaddelt und werden Zeuge einer einmalig friedlichen Szenerie. Wir hören das Wasser rauschen. Vögel zwitschern. Ein Fisch springt. Es knackt im Dickicht am Ufer. Hinter den gelegentlichen Geräuschen gibt es nur Stille.

Seerosen blühen an verschiedenen Stellen und verschenken ihre Schönheit - auch an uns, die wir wohl die einzigen Menschen sein werden, die sie bewundern. Ich fühle Ehrfurcht und Dankbarkeit.

Es gibt keinen Zweifel daran, dass wir Menschen tiefer Gefühle fähig sind.

Keiner hat uns das beigebracht, sondern wir wissen intuitiv, wie fühlen „geht“.

Das ist für mich eine wunderbare und ermutigende Erkenntnis.

Gleich einer Seerose steht uns auf natürliche Weise tieferes Wissen zur Verfügung.

Die Seerose öffnet sich, wenn die Sonne scheint,

und sie schließt sich wieder am Abend, wenn es dunkel wird.

Das tiefere Wissen ist in jedem Wesen angelegt.

Wir können uns darauf verlassen.

Was ich fühle, stimmt für mich.

Eigentlich sind Gefühle hilfreich.

Aber kennen wir wirklich unsere eigenen Gefühle noch?
Fühlen wir nicht allzu häufig nur noch das, was uns die von Familie und Gesellschaft aufgestellten „Gefühls-Regeln" erlauben?
Lassen wir uns nicht von Ablehnung und Zustimmung anderer zu leicht manipulieren und machen unser Gefühlsleben davon abhängig?

In der psychosomatischen Medizin geht man davon aus, dass unterdrückte Gefühle krank machen. Der Körper wird als Hüter einer tieferen emotionalen Wahrheit gesehen. Er weiß offenbar von Gefühlsregungen, die wir uns nicht erlauben und die wir gut vor uns selbst verbergen. Wir verdrängen, wollen Gefühle nicht wahrhaben. Ob unterdrückt oder gelebt - Gefühle suchen Ausdruck. Es entsteht innere Spannung durch sich widersprechende Gefühle:

- Wer Mut (zu sich selbst) zeigt, riskiert Ausgrenzung.
- Wer Angst zeigt, riskiert Abwertung.
- Wer Ablehnung und Widerspruch zeigt, riskiert Bestrafung.
- Wer Ärger und Wut zeigt, riskiert Ablehnung.
- Wer Liebe zeigt, riskiert Nähe oder Zurückweisung.

Wie wir die Spannung auch lösen: Wir können gewinnen oder verlieren.

Gefühle bestimmen unsere Bindungen im familiären, gesellschaftlichen, beruflichen und privaten Umfeld. Nicht zuletzt bestimmen wir damit auch unsere Beziehung zu uns selbst. Durch den Ausdruck unserer Gefühle wollen wir das Kunststück schaffen, Bindungen und Beziehungen zur Umwelt zu gestalten und gleichzeitig uns selbst gerecht zu werden: ein Spagat zwischen Anpassung und Selbstwerdung.

Gefühle sind die wichtigsten Antriebsfedern für unser Handeln. Die Resonanz darauf ist wieder Auslöser für weitere Gefühle und für neue „Entscheidungen" darüber, welche Gefühle wir uns erlauben, welche wir bewusst verbergen und welche wir uns vielleicht auch unbewusst verbieten. Es bestehen enge Verflechtungen zwischen Gefühl-Seele-Körper-Verstand-Geist einerseits und Wahrnehmung-Begegnungen-Umwelt andererseits. Die Prozesse sind zu kompliziert, als dass wir sie durchschauen und im Detail steuern könnten.

Aber worauf können wir uns verlassen?

„Was ich fühle, stimmt für mich." - Dieser Satz erinnert uns, dass wir ein Gespür haben für uns selbst, dem wir vertrauen dürfen: Wir spüren intuitiv, was sich „richtig" für uns anfühlt. Etwas Besseres, auf das wir uns verlassen dürfen, haben wir nicht.

Ich lasse es zu, gerührt und berührt zu sein.

Abendstimmung
Stuarts Lake, South West Port Mouton, Nova Scotia, Kanada

Hinter dem See geht die Sonne unter. Heute hängt ein ungewöhnliches, seltenes Licht über dem Wasser. Himmel und See - wie ein Gemälde. „Szene in Lila". Fast unwirklich wirkt die Atmosphäre auf mich, unwirklich schön.

Landläufig heißt es, in der erhabenen Schönheit der Natur sprechen Seelen miteinander. An diesem Abend muss es so sein. Farben und Licht spiegeln sich in der Weite des Sees und des Horizontes. Es entsteht eine Stimmung von Unendlichkeit, in der die Zeit still zu stehen scheint.

Bei diesem Erlebnis fühle ich mich berührt und gerührt zugleich.

Welche Momente mit Menschen kenne ich, die mich jemals so berührt hätten?

Ja, ich erinnere mich an das Gefühl der stillstehenden Zeit:

Ein tiefer, menschlicher Kontakt vermittelt ein ähnliches Gefühl von Zeitlosigkeit und Unendlichkeit.

Auch von Menschen will ich mich berühren lassen, will die schönsten Naturschauspiele mit jenen teilen, die meinem Herzen nahe sind.

In diesen seltenen Momenten bedarf es keiner Worte, die menschlichen Seelen sprechen wirklich miteinander.

Ich lasse es zu, gerührt und berührt zu sein.

Es gibt Augenblicke, da sind Worte nicht genug, um zu beschreiben, was geschieht. Ein Bild spricht für sich.

Eine Botschaft vermittelt sich auf der Ebene unserer Herzen.

Die Botschaft dieser Affirmation ist mit dem Herzen erfahrbar.

Die spektakulären Farben eines Sonnenuntergangs verzaubern. Sie versetzen mich in eine besonders weiche Stimmung. Eine tiefe Ehrfurcht vor der Natur ergreift mich. Ich empfinde Dankbarkeit dafür, in diesem Augenblick hier sein zu dürfen. Ich lasse mich von dieser Szene berühren.

Die Zeit scheint still zu stehen. In diesem Moment hat anderes keine Bedeutung. Belastende Gedanken verschwinden, ich lasse alles los und gebe ab. Es gibt nur die Schönheit dieses Sonnenuntergangs. Erhabenheit und Demut gehen eine seltene Allianz ein. Alles ist gut, so wie es ist.

Was ich empfinde und erlebe, behalte ich über diesen Augenblick hinaus in Erinnerung: So fühlt es sich an, sich berühren zu lassen. Ich nehme Anteil, bin gerührt, ohne sentimental zu sein. Ich finde darin Menschlichkeit und Mitmenschlichkeit zugleich.

In einem Moment wie diesem sprechen Seelen miteinander.

„Und wenn wir die ganze Welt durchreisen, um das Schöne zu finden:
Wir mögen es in uns tragen, sonst finden wir es nicht."
(Ralph Waldo Emerson, 1803-1882, amerikanischer Philosoph und Schriftsteller)

Ich akzeptiere mich in meiner vollkommenen Unvollkommenheit.

Baum im Gegenlicht
Blomidon Provincial Park an der Fundy Bay, Nova Scotia, Kanada

Die Fundy Bay ist ein UNESCO Biosphärenreservat. Im gleichförmigen Rhythmus presst sich bei Flut das Wasser des Atlantiks durch die schmale Bucht, zieht sich bei Ebbe zwischen 12 und 17 Meter oder mehr zurück. Das ist ein weltweit einzigartiges Phänomen.

Ein einzelner Baum wächst auf blankem Felsen am Ufer. Erstaunlich, dass er dort Wurzeln schlagen kann. Ebenso erstaunlich ist seine Form. Er streckt seine Äste nicht nach oben, sondern hängt zur Seite und nach unten über. Das ist auch ein Phänomen - und sieht gar nicht nach einem perfekten Baum aus.

Der Baum sieht ziemlich unvollkommen aus, finde ich.

Schräg und krumm und buckelig

ist er seinen Lebensbedingungen gemäß gewachsen. Anerkennend bemerke ich,

dass genau dies ihm einen besonderen Charakter verleiht –

gerade deshalb, weil er nicht den Ansprüchen irgendwelcher Ideale entspricht.

Wer stellt schon die Regeln darüber auf, was perfekt ist und was nicht?

Sein schiefes Wachstum steht diesem Baum ganz offensichtlich

nicht im Wege dabei „ganz Baum" zu sein.

Auf seine eigene Weise ist er unvollkommen vollkommen.

Ich akzeptiere mich in meiner vollkommenen Unvollkommenheit.

Was ist vollkommen?

Wonach strebe ich?
Welcher Maßstab gilt für mich?
Ist es paradox, obwohl unvollkommen doch vollkommen sein zu können?

Diese Affirmation ist ein Wortspiel. Sie greift einen unauflösbaren Konflikt auf: den Wunsch, Idealen zu entsprechen - also „vollkommen" zu sein - und die Gewissheit, diesen Wunsch nicht verwirklichen zu können.

Das Ideal ist nicht die Realität. Persönliche Schwächen und Mängel, ebenso wie finanzielle Einschränkungen und andere äußere Umstände sorgen dafür, dass wir bei weitem nicht alles erreichen und bekommen, was wir uns wünschen. Das muss uns nicht entmutigen. Wir können es im Gegenteil als Ansporn nehmen, neue Wege zu gehen. Wir erreichen etwas und kommen doch immer wieder auch an Grenzen, können nur das Mögliche erreichen, nicht das Ideale. Wir wissen, wir sind nicht perfekt.

Trotzdem sind wir zeitweise frustriert, wenn wir Ziele nicht ganz erreichen, wenn wir Fehler machen oder Ansprüchen nicht genügen. Die Frustration löst in uns einen negativen Gedankenstrom aus: Wir zweifeln, nörgeln, sind unzufrieden, fühlen uns manchmal erbärmlich. Ein negativer Gedanke assoziiert den nächsten und wir geraten in einen Strudel von Selbstverurteilung und Selbstbemitleidung.

Wird uns die negative Gedankenspirale bewusst, können wir sie anhalten.

Gedanken sind so machtvoll! Nicht was wir tun oder was wir nicht tun ist entscheidend, sondern wie wir darüber denken. Obwohl sie objektiv gesehen beachtliche Leistungen vollbringen, glauben viele Menschen, sie seien nicht gut genug, nicht perfekt genug. Aber nicht die Leistung, sondern die Denkweise muss sich verändern.

Warum gehen wir nicht den Weg, das Erreichte zum Ideal zu machen! Sehen wir unsere Ergebnisse realistisch: Mehr konnte es in diesem Augenblick nicht sein. - Dann ist es eben so!

Akzeptieren wir die Begrenzungen eines gegenwärtigen Moments, die in uns selbst ebenso wie in anderen Umständen liegen mögen. Es ist was ist. Energie in negative Gedanken zu stecken, ist gestohlene Lebenszeit. Besser ist, wir denken konstruktiv und entscheiden uns, den Blick nach vorne zu richten: Mit jeder neuen Herausforderung erhalten wir wieder die Chance, eine andere Erfahrung zu machen. Offenheit für die Zukunft bringt Bewegung in unser Leben.

Es bereichert uns, Vorbilder zu haben und „vollkommenen" Idealen nachzustreben. Und es liegt kein Widerspruch darin, gleichzeitig eigene Grenzen zu akzeptieren. Wir unterliegen einem Rhythmus und sind nicht zu jedem Zeitpunkt gleichmäßig leistungsfähig. Starke Momente wechseln sich mit schwachen ab, die Tage sind niemals gleich.

„Ich akzeptiere mich in meiner vollkommenen Unvollkommenheit." - Der Satz wirkt versöhnlich, annehmend, ermutigend.

Ich wage es, mich zu zeigen wie ich bin.

Muschelkonglomerat
Blomidon Provincial Park an der Fundy Bay,
Nova Scotia, Kanada

Roter Schlamm, roter Fels und roter Sand prägen bei Ebbe das Landschaftsbild der Fundy Bay. Die Gezeiten schaffen einen Lebensraum, in dem unzählige kleine Lebewesen teilweise unter Wasser und teilweise über Wasser existieren. Ihr Unterschlupf ist entweder der schlammige Sand oder der Schutz von Steinen oder sie suchen sich Behausungen in Muscheln.

Einzigartige Formationen entstehen. Sie sind sichtbar, bis das Wasser sie wieder umarmt und verschluckt.

Wie faszinierend sind Einzigartigkeit und Ideenvielfalt der Natur!

Nicht ein Ding gleicht exakt dem anderen,

es gibt kein „soll“ oder „darf nicht“ –

alles darf sein wie es ist und nichts unterliegt einer Bewertung.

In der Natur versteht sich von selbst,

was für uns Menschen ein Wagnis sein kann.

Wie befreiend wäre es, könnten wir Menschen so urteilsfrei einander betrachten.

Wie gut könnte es sich anfühlen, schlicht DA zu sein,

ohne irgendwie sein zu „sollen“.

Ich wage es, mich zu zeigen wie ich bin.

ICH WAGE ES

Ich wage es,
an mich selbst zu glauben:
an meinen Drang nach Reife,
an meine Liebesfähigkeit,
an meine Begabung zur Freundschaft,
an meine entschiedene Ausdauer,
an meine immer neue Hoffnung.
Aber auch wenn ich versage und Fehler mache,
wenn ich unnötig verletze,
wenn ich anderen die Freiheit nehme,
wenn ich kleinkariert werde,
wenn ich mich nicht mehr erneuere,
wenn ich hart und unnahbar werde,
auch dann will ich glauben,
dass neben der Zerstörung
auch das Lebensförderliche in mir wohnt,
und ich will es hervorlocken
mit meiner Hoffnung und meinem Mut.

*(© Ulrich Schaffer, *1942, Schriftsteller und Fotograf)*

Ein Wagnis beinhaltet eine Gefahr: Verletzungen drohen, Verluste und Schmerzen.
Ein Wagnis lockt aber auch mit etwas, das es zu gewinnen gibt: Wachstum, Erfolg, Befriedigung und Freude.

Das Lebensförderliche hervorlocken – mit Hoffnung und Mut.

Es gehört Mut dazu, sich zu zeigen und mögliche Widerstände auszuhalten. Die Angst, abgelehnt zu werden, ist untrennbar mit dem Menschlichen verbunden, weil wir als Sozialwesen auf die Liebe anderer angewiesen sind. Getrieben von der Angst, nicht mehr geliebt zu werden, wenn wir nicht den Wünschen anderer entsprechen, suchen wir ständig nach dem richtigen Gleichgewicht zwischen Autonomie und Anpassung. Dabei vergessen wir allzu leicht, dass nur der Mut zu Offenheit und Nähe andere den Schatz finden lässt, den jeder einzelne in sich trägt. Nur wenn wir uns zeigen, können wir die Erfahrung machen, dass wir akzeptiert werden, wie wir sind, gerade weil wir uns selbst treu bleiben. Wir erfahren darin Unabhängigkeit.

Hoffnung trägt uns. Andere können nur das lieben, was sie sehen - und wir hoffen, für das geliebt zu werden, was wir sind. Wir hoffen, dass andere uns sehen können: was uns ausmacht, was uns wichtig ist, wo Schwerpunkte liegen, wo wir bereit sind, anderen zu folgen und wo nicht. - Umgekehrt gilt das Gleiche: Wir können uns nur auf andere Menschen beziehen, wenn sie sich zeigen, wie sie sind.

Lebendigkeit ist bunt. Mit jeder Persönlichkeit wird der Welt eine neue Farbe hinzugefügt. Je mehr wir Unterschiede zulassen können, umso weniger wird es zum Wagnis, uns zu zeigen. Stattdessen wächst gegenseitiger Respekt. Meinungen dürfen nebeneinander bestehen bleiben. Wir wirken auf andere, andere wirken auf uns - aus jeder Begegnung nehmen wir etwas mit, lassen aber auch etwas zurück. In einem Klima gegenseitigen Vertrauens wächst unser Mut zu uns selbst. Intimität wird möglich. Sie wirkt wie ein Licht, das alle Farben zum Leuchten bringt und wird zur Brücke, auf der uns das Kostbarste begegnet, das wir gewinnen können: tiefe, echte Beziehung.

Einladung zu einem Körperexperiment

Versuchen Sie, die zwei folgenden, gegensätzlichen inneren Haltungen durch eine bewusste Körperhaltung oder Körperbewegung auszudrücken. Spüren Sie nach.

1. Ich traue mich nicht.
   Ich wage es nicht.
   Ich habe Angst, jemanden/etwas zu verlieren, wenn ich mich so zeige, wie ich bin.

2. Ich wage es.
   Ich zeige mich.
   Ich habe Mut, und möchte so geliebt werden, wie ich bin.
   Ich vertraue mich an.

Ich bin bereit, mich anderen zuzuMUTen.

Sanddollars vor Lichtquelle
Magdalenen Inseln, St. Lorenz-Golf, Québec, Kanada

Sommer auf den Magdalenen Inseln. Viele Künstler verbringen den Sommer auf den Inseln, um in der inspirierenden Atmosphäre zu arbeiten. Was liegt näher, als das zu ver- und bearbeiten, was die vielen langen Strände der Inseln hergeben? Sand, Muscheln, Schneckenhäuser, Sanddollars.

Ich fühle mich angezogen von dem Vorhang aus Sanddollars. Das durchscheinende Licht rückt Einzelheiten in den Blick, bleibt selbst aber dahinter verborgen.

Ein heller Lebensraum, in dem mir andere Menschen begegnen;

eine Menschenansammlung; eine beleuchtete und belebte Straße.

Enge – Angst

Nähe – Vertrauen

Mut, sich im Licht zu zeigen.

Ich bin bereit, mich anderen zuzuMUTen.

Diese Affirmation spricht von Mut und von der Bereitschaft zur Offenheit. Sie berührt einen verletzlichen Bereich, weil uns und anderen mit einer Zumutung etwas abverlangt wird:

> Ich verlange etwas, konfrontiere andere mit einer Forderung.
> Ich verweigere etwas, weise andere mit einem NEIN zurück.
> Ich tue etwas und mute anderen zu, damit umzugehen.
>
> Mein Verhalten kann andere Menschen in heikle oder emotional unangenehme Situationen bringen. Auch für mich ist das Schwimmen gegen den Strom eine emotionale Angelegenheit: Die Wellen könnten über mir zusammenschlagen.
> Ich riskiere, keine Luft zum Atmen zu haben.

Es muss etwas Wichtiges für uns auf dem Spiel stehen, wenn wir dieses Risiko auf uns nehmen. Gerade weil wir etwas befürchten - häufig wissen wir gar nicht was genau - ist es so schwer, sich anderen zuzumuten. Aber eine starke Motivation gibt uns die Kraft dazu. Wir sagen den entscheidenden Satz, tun das Notwendige, befreien unser Gefühl. Trotz aller Ängste und inneren Vorbehalte gehen wir den entscheidenden Schritt und beweisen damit Standvermögen und Mut.

- Haben Sie ähnliche Situationen erlebt?
- Welche Gefühle verbinden Sie damit, sich jemand anderem mit Ihrem Seelenzustand oder mit Ihren Bedürfnissen zuzumuten?
- Wie ist das für Sie, etwas zu verlangen, das vermutlich nicht gern gegeben wird?
- Oder etwas Wichtiges zu verweigern, das andere sich wünschen?
- Verstecken Sie unangenehme Gefühle oder muten Sie diese anderen zu?

Einladung: Erinnern Sie sich ...

Übung:

Begeben Sie sich innerlich auf eine Reise.

- Wandern Sie in Gedanken zu einer Situation, in der Sie sich anderen zuge-MUT-et haben.
- Welche Gefühle standen innerlich im Widerstreit?
- Wie hat Ihre Umwelt / Ihr Gegenüber auf Sie reagiert?

Spüren Sie nach.

Setzen Sie Ihre Reise fort:

Erinnern Sie sich an eine Situation, in der IHNEN etwas zugemutet wurde?

- Wie erinnern Sie sich daran?
- Was hat sich daraus entwickelt?

Häufig befürchten wir in der inneren Vorwegnahme einer unangenehmen Situation Schlimmeres, als später eintritt. Wir entwickeln Ängste und überwältigende Gefühle vor unberechenbaren Reaktionen. Es wird auf jeden Fall etwas geschehen, das wir nicht kontrollieren können, das wissen wir. Aber indem wir unsere Gefühle annehmen und zu uns selbst stehen, ermöglichen wir uns selbst einen neuen Weg, und auch andere Betroffene mögen in der veränderten Richtung neue Perspektiven entdecken.

Es braucht Mut, diese Unsicherheit auszuhalten und sich dem zu stellen.

Es ist wie es ist.

Blumenblüte
Gros Morne National Park, Neufundland, Kanada

Im Westen der Insel liegt der Gros Morne National Park. Er ist Teil einer Gebirgskette auf Neufundland, direkt am St. Lorenz-Golf. Das ganzjährig kühl-feuchte Klima macht es den Pflanzen nicht leicht. Es überrascht mich daher, auf den Wiesen der Hochplateaus wilde Blumen zu finden, deren Farbe mit dem Gelb der Sonne um die Wette leuchtet.

Eine Blume in voller Blüte strahlt Lebendigkeit aus.

Sie hat sich gegen ein widriges Klima durchgesetzt,

um für eine kurze Zeit alles zu sein, das sie sein kann.

Dass sie schnell verblühen wird, schmälert nicht den Moment der Schönheit.

Leben ist JETZT. Jetzt leuchtet das Gelb in der Sonne.

Gestern und Morgen zählt nicht.

Es ist wie es ist.

Es ist wie es ist.

Ein klarer Satz, eine deutliche Aussage. Realistisch, bodenständig, annehmend, versöhnlich, gegenwärtig. Ein Satz, der „Ja" sagt zu dem, was im Augenblick ist.

Es gibt viele Situationen, in denen Unvorhergesehenes passiert, etwas Beunruhigendes oder etwas, das uns einfach einen Strich durch die Rechnung macht. Unsere erste Reaktion ist häufig mit Ärger, Widerstand oder sogar Wut verbunden: Wir wollen es nicht wahrhaben und lehnen ab, dass uns das passiert - manchmal ist unsere Ablehnung vehement und hartnäckig.

„There is no use crying over spilt milk." - Es hat keinen Zweck, über verschüttete Milch zu weinen, sagt ein englisches Sprichwort.

Obwohl das sonnenklar ist und wir es auch wissen, jammern und klagen unsere Gedanken, suchen traurig und wütend einen Schuldigen. Wir möchten uns beschweren, und am Ende sind wir verzweifelt und resigniert. Es ist in Ordnung, diesen Gefühlen Zeit zu geben. Aber wir müssen auch aufpassen, nicht dort stecken zu bleiben.

Mit dieser Affirmation sollen nicht (starke) Gefühle beseitigt werden. Es ist absolut nicht wünschenswert, sich selbst zu täuschen und es funktioniert auch nicht. Was eine Affirmation aber in Zeiten von Resignation bewirken kann ist, uns wieder mit vergessenen, positiven Gefühlen in Kontakt zu bringen. Wir machen uns unsere Gedanken bewusst und bestimmen selbst, wie lange und worüber wir uns beklagen möchten. Wir entscheiden, wann wir die Ereignisse akzeptieren, statt im Klagen über etwas, das sich nicht ändern lässt, zu verweilen.

Es ist wie es ist.

Das ist der Boden, auf dem wir sicher stehen können. So sind die Bedingungen. Von hier aus geht das Leben weiter. Damit verabschieden wir uns von den einschränkenden Perspektiven unserer negativen Gefühlswelten. Wenn wir das Geschehene anerkennen und mit dem Blick nach vorne weiterleben, entdecken wir Möglichkeiten, die vorher im Dunkeln lagen. Plötzlich sehen wir einen Weg, das zu integrieren, was wir ohnehin nicht ändern können.

Impulsfragen / Experiment:

Geschieht gerade etwas in Ihrem Leben, das Sie ablehnen, was aber dennoch nicht zu ändern ist?
Sind Sie sich Ihrer negativen und/oder positiven Gedanken dazu bewusst?
Welche Gefühle lösen diese Gedanken in Ihnen aus?

Bringen Sie Ihre Gefühle zum Ausdruck;
oder
sprechen Sie laut aus, was Sie fühlen;
oder
geben Sie einem eventuellen Drang nach Bewegung nach, am besten in der frischen Luft;
oder
nutzen Sie Musik, um Ihre Gefühle bewusst werden zu lassen;
oder kombinieren Sie auch:
Malen Sie zu einer auf Sie anregend wirkenden Musik mit Farbstiften Ihre Gefühle auf ein Blatt Papier.

Es ist wie es ist.

Wie wirkt diese Affirmation jetzt auf Sie?

Ich gebe nach.

Sich spüren. Sich kennen. Sicherheit gewinnen.
Im Nachgeben liegt Stärke.

Mit beiden Füßen stehe ich fest auf dem Boden. Ich beuge meinen Oberkörper nach vorne, der Rücken gibt nach und die Arme hängen locker nach unten.

Die Knie sind weich. Die Rückseiten der Oberschenkel dehnen sich kräftig nach oben und unterstützen die Vorbeuge. Das Gesäß zieht weiter nach oben, Arme und Kopf streben Richtung Boden.

Körper und Geist sind ganz präsent. Ich spreche den Satz und spüre der inneren Wirkung nach: „Ich gebe nach."

Nachgeben erfordert innere Kraft. Wir erkennen andere Positionen an und wägen bewusst ab, wie weit wir nachgeben können und wollen. Je besser wir unsere eigene Position und unsere tiefsten Interessen kennen, umso sicherer können wir nachgeben.

Im Geben und Nehmen eines respektvollen Miteinanders gestalten wir Beziehungen. Wie wir selbst anerkannt sein wollen, so begegnen wir anderen: unterschiedliche Sichtweisen zulassen, innehalten und sich spüren, anerkennen was ist, verzeihen und vertrauen. Intuition und Verstand unterstützen uns gleichermaßen. Räumen wir beiden ihren Platz ein - und handeln wir aus unserer Mitte.

Ich bin bereit nachzugeben.

Ich kann anderen ihre Wahrheit lassen.

Ich bin behutsam mit mir und mit anderen.

Ich lerne immer besser anzuerkennen,
was ich nicht ändern kann.

Ich heiße Veränderung willkommen.

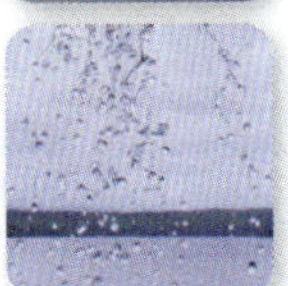

Verzeihen schenkt mir inneren Frieden.

Innehalten unterstützt mich.

Ich kann zulassen, was ist.

Es finden sich Lösungen für all meine Probleme.

Ich achte auf meine Intuition.

Ich bin bereit nachzugeben.

Dunkelroter Schlamm
Fundy Bay, Nova Scotia, Kanada

Bei Ebbe zieht sich das Wasser in der Fundy Bay zwischen 12 und 17 Meter zurück. Statt Wasser ist dann eine große, rote, weich anmutende Fläche zu sehen: Krater, kleine Hügel, große Risse, tiefe Gräben bestimmen das Bild. Eine Schlammlandschaft ist entstanden.

Geheimnisvolles Leben.

Eine verborgene Welt kommt zum Vorschein.

Sie ist nachgiebig, aufnehmend, weich.

Und doch ist sie stark, denn sie trägt einen ganzen Ozean.

Verbinden wir Schwäche und Verletzlichkeit mit Weichheit und Nachgiebigkeit?

Ist Angst vor beidem der Grund,

warum es so schwierig sein kann nachzugeben?

Die Angst zu überwinden, verlangt Stärke.

Ich bin bereit nachzugeben.

Nachgeben verbinden wir für gewöhnlich mit Weichheit, die dem Weiblichen zugeordnet wird - dem schwachen Geschlecht. Stärke dagegen verbinden wir mit Männlichkeit, Kraft und Durchsetzungsvermögen - dem starken Geschlecht.

> In Kampfsportarten wird aus der Fähigkeit mitzugehen mit dem, was einem entgegenkommt, die Kraft des Gegenschlags gewonnen: Eine Kraft schwingt mir entgegen, ich fange diese Bewegung auf, gebe ein wenig nach und entwickle eine entgegengesetzte, kraftvolle Bewegung daraus.
>
> Im Judo ist der Name Programm: „Ju" oder „jui" bedeutet *sanft* oder *nachgeben*, „do" bedeutet *Weg* oder *Grundsatz*. „Ju-do" folgt dem sanften Weg und macht Siegen durch Nachgiebigkeit zum Prinzip.

Weichheit (weiblich) und Stärke (männlich) finden zusammen. Beide Anteile haben Gewicht und Wert.

Warum ist es *eigentlich* so schwer nachzugeben?

Nachgeben heißt etwas aufgeben: Ich gebe meine Position auf und gebe mich mit weniger oder etwas anderem zufrieden. - Zeigen diejenigen, die nicht um ihre Positionen kämpfen, damit Schwäche?

„Der Klügere gibt nach." In diesem Sprichwort des Volksmundes kommt zum Ausdruck, dass es klug sein kann, nicht auf seinem Standpunkt zu bestehen. Gerade deshalb aber, weil man klüger ist, darf man sich als Gewinner fühlen. - Zeigen diejenigen, die in kluger Einsicht nachgeben, damit Stärke?

Beide Denkweisen sind durchaus nicht ungewöhnlich und beruhen auf der unausgesprochenen Annahme, dass es in Auseinandersetzungen nicht nur um die Sache, sondern vor allem auch um Macht geht; um Überlegenheit und Unterlegenheit, um Stärke und Schwäche. Ein Gewinner ist mehr wert als ein Verlierer, sagt nicht nur das Gefühl.

Werden Begegnungen zwischen Menschen von diesem Gefühl begleitet, geht etwas verloren. Gegenseitige Achtung sinkt, Vertrauen bröckelt. Statt im echten Dialog zu sein, findet man sich in einem Kampf wieder. Nachgeben hieße in diesem Falle, sich freiwillig zum „Verlierer" zu erklären.

Echter Dialog findet auf einer anderen Ebene statt. Die Einsicht Platons gilt: „Ich weiß, dass ich nichts weiß." Sie lehrt uns Zurückhaltung und Demut. Eine Auseinandersetzung muss nicht einem Recht geben und dem anderen Unrecht. Nachgeben kann mit Respekt geschehen, wenn wir zuhören und andere Meinungen zulassen. Die Wahrheit liegt oft in der Mitte. Auch wenn wir den eigenen Standpunkt nicht durchsetzen, gewinnen wir etwas: Wir setzen eine neue Priorität. Die Erfahrung kann uns lehren, wann Nachgeben wertvoller ist, weil wir damit eine Debatte beenden und einem versöhnlichen Interesse den Vorrang geben.

Mit dieser Affirmation können wir uns Stärke zusprechen und uns darin unterstützen, in einer gegebenen Situation aus vollem Herzen nachgeben zu können. Wir verbinden unsere weiche mit unserer kraftvollen Seite und zeigen Stärke, indem wir respektvoll zurückweichen.

Ich kann anderen ihre Wahrheit lassen.

Sonnenaufgang
Hunting Island, South Carolina, USA

Der Sonnenaufgang am Atlantischen Ozean in South Carolina ist so magisch wie jeder andere: Aus der Dämmerung lösen sich Formen nach und nach deutlicher heraus. Aus der Stille der Nacht kündigen erste Geräusche den Tag an. Die Welt erwacht in all ihren Schattierungen zu neuem Leben.

Die Stimmung eines anbrechenden Tages ist erfüllt von unschuldiger Wahrheit.

Werde ich in der Lage sein zu erkennen, was das Sonnenlicht

langsam sichtbar werden lässt?

Werde ich erfassen, was „wahr“ ist – selbst wenn es nicht begreifbar ist?

Ich erkenne bescheiden: In der Stille des anbrechenden Tages

existiert die Vielfalt aller Wahrheiten, schlicht und versöhnlich.

Für jegliche individuelle „Wahrheit“ ist Platz.

Ich kann anderen ihre Wahrheit lassen.

Wer im Dienste der Wahrheit handelt, scheint unangreifbar. Wahrheit heißt: Übereinstimmung mit den Tatsachen. Macht das Wahrheit zu etwas Messbarem?

Jeder Mensch sieht die Welt durch seine Brille. Erziehung und Bildung, Verständnis von Wissenschaft, Religion und Kultur prägen den jeweiligen Blick auf die Welt. Durch diesen Filter nehmen wir Tatsachen wahr und versuchen das, was wir sehen, in unsere Strukturen einzuordnen. Was so gefiltert bei uns ankommt, halten wir für die Wahrheit. Wir halten das am ehesten für wahr, was wir begreifen und verstehen können.

Werden wir mit einem anderen Verständnis der Welt konfrontiert, mag dies interessant sein, aber es kann auch irritieren. Wir sehen in Frage gestellt, was wir für die Wahrheit halten - im täglichen kleinen Streit um das i-Tüpfelchen ebenso wie in den nicht enden wollenden Auseinandersetzungen um den richtigen Glauben. Eine *andere Wahrheit* kann uns aus dem Gleichgewicht bringen. Wir fühlen uns genötigt zu verteidigen und zu rechtfertigen, was wir für wahr halten.

Kennen Sie das von sich selbst? Beobachten Sie es gelegentlich bei anderen? Ist es wichtig, Recht zu haben und andere zu überzeugen?

„Willst Du Recht haben oder glücklich sein?
*(Gay Hendricks, * 1945, amerikanischer Psychologe)*

Die Frage selbst weist bereits einen Weg aus dem Dilemma: durch die Trennung von „Recht haben" und „glücklich sein". Unser Glück ist nicht abhängig davon, Recht zu haben, und es liegt nicht in der Zustimmung anderer.

Es entspricht der Realität menschlicher Wahrnehmung, dass wir Tatsachen unterschiedlich bewerten. Warum sollten sie nicht versöhnlich nebeneinander Bestand haben können, wenn sie doch nur Ergebnis einer subjektiven Sicht sind? Die Welt hat objektiv Platz für alle Wahrheiten, wenn wir sie zulassen und aushalten. Keine Auffassung kann an den tatsächlichen Sachverhalten etwas ändern.

Wir legen uns in Gedanken die Welt so zurecht, dass wir uns wertvoll und glücklich fühlen. Wenn wir uns das selbst zugestehen, können wir auch anderen ihre Wahrheit lassen.

Ich bin behutsam mit mir und mit anderen.

Moos auf einer Birke
Wilderness Pocket Trail, Southshore, Nova Scotia, Kanada

Durch ein Waldstück, einen kleinen Park am Meer an der Südküste Neuschottlands, führt ein Pfad zu einer Meeresbucht. Zwischen großen Felsen wachsen in willkürlichem Durcheinander Eichen, Ahornarten, Birken und unzählige Sorten von Sträuchern, Farnen, Flechten und anderen Pflanzen, die ich nicht kenne. Wild und schön ist es hier.

Im Bild ist ein Moosknäuel zu sehen, das sich behutsam und weich an einen Baum schmiegt.

In der wilden Schönheit wirkt das unaufgeräumte Zusammenspiel

der Vegetation völlig harmonisch.

Alle Gewächse sind auf unerklärlich wunderbare Weise

immer genau am richtigen Ort.

Das Bild gibt mir Zuversicht, dass in der Vielfalt des Lebens für jeden Platz ist.

Die Pflanze am Baum wirkt unaufdringlich und rücksichtsvoll.

Es ist eine friedliche Vorstellung, dass auch wir Menschen

behutsam miteinander umgehen

und uns gegenseitig den Platz einräumen, den jeder braucht.

Ich bin behutsam mit mir und mit anderen.

Behutsam - das Wort klingt nach Geborgenheit. Sorgsam und vorsichtig gehe ich mit mir und anderen um. Ich möchte mein eigenes Gefühl und das der anderen nicht verletzen. Vielmehr möchte ich den Respekt spüren, der in jeder Begegnung mitschwingt.

Achtsamkeit. Rücksichtnahme. Würde.
Das möchte ich in Begegnungen spüren.

In behutsamen Begegnungen ist Austausch möglich, der nicht übergriffig ist. Keiner versucht dem anderen etwas gegen seinen Willen überzustülpen. Jeder darf bleiben, was er ist und geht doch verändert aus der Begegnung heraus. Gestärkt, nicht geschwächt.

Gehen Menschen dagegen grob miteinander um, drohen Kränkungen und Verletzungen. Oft reden wir unachtsam etwas dahin, nur weil wir glauben, etwas sagen zu müssen. Ohne dass wir es wollen, demütigen wir jemanden oder treffen eine wunde Stelle.

Es kommt auch vor, dass wir gerade *nicht* behutsam sein wollen: Aus einer persönlichen Motivation heraus wollen wir verletzend sein. Eigene Unsicherheit, Geltungsbedürfnis, Missbrauch einer Machtposition oder Rachegefühl mag uns antreiben. Wir sind in solchen Momenten taub gegenüber uns selbst und blind für andere. Indem wir andere schwächen, fühlen wir uns selbst für einen Augenblick gestärkt.

Langfristig fühlt sich diese vermeintliche Stärke jedoch leer an, denn früher oder später erkennen wir die Schwäche in unangemessenem Verhalten. Wir haben uns selbst verletzt, wir waren auch mit uns selbst nicht behutsam.

> Ich bin behutsam mit mir:
>
> Behutsam nehme ich mich selbst meiner eigenen Bedürfnisse an, spüre sie und kümmere mich in angemessener Weise darum. Ich respektiere meine Gefühle und nehme meine Gedanken wahr, gebe ihnen den Raum, den sie brauchen, und sorge auf diese Weise gut für mich.

Es ist auch für andere gut gesorgt, wenn wir für uns selbst achtsam sind. Geben wir uns Zeit. Nehmen wir Gefühle und Bedürfnisse auf beiden Seiten wahr. Mit einem bewussten und behutsamen Verhalten werden wir der eigenen und der Würde anderer Menschen gerecht.

Ich lerne immer besser anzuerkennen, was ich nicht ändern kann.

Muster im Sand
Summerville Beach Provincial Park, Summerville, Nova Scotia, Kanada

Sand wird durch Wasser und Wind bewegt und verändert. Die stets gleichen Sandkörner erscheinen in unendlich vielen Formen und Mustern.

Das Foto zeigt eine Momentaufnahme. Zu keinem anderen Zeitpunkt gab es oder wird es je wieder die exakt gleichen Sandformen geben. Sie werden mit der nächsten Welle oder dem nächsten kräftigen Windstoß bereits verändert sein.

Das Bild spricht von Bewegung, von Veränderung und von Vergänglichkeit.

Es hält fest, was sich doch nicht festhalten lässt,

sondern was ständigem Wandel unterworfen ist.

Welcher „Wind“ weht für uns Menschen?

Und welche „Wellen“ zwingen mich in neue Formen und Konstellationen?

Es gibt vieles, auf das ich keinen Einfluss nehmen kann,

und das mich doch formt.

Ich lerne, die Bewegungen mitzugehen, die mich ohnehin mitnehmen.

Ich lerne immer besser anzuerkennen, was ich nicht ändern kann.

Sollen wir uns geschlagen geben, wenn Lebensumstände gegen uns sind?
Sollen wir uns damit begnügen, Spielball zu sein im Entscheidungsfeld anderer Spieler?
Sollen wir nicht kämpfen und versuchen, unsere eigenen Ziele zu verfolgen?

„Ich lerne immer besser anzuerkennen, was ich nicht ändern kann."

Dieser Satz ist nicht als Aufforderung zur Resignation zu verstehen. Er spricht nicht von Kapitulation, sondern vom Annehmen des Unabänderlichen.

„Gib mir Gelassenheit, Dinge hinzunehmen,
die ich nicht ändern kann,
gib mir den Mut, Dinge zu ändern,
die ich zu ändern vermag,
und gib mir die Weisheit,
das eine vom andern zu unterscheiden."

Mehr als 300 Jahre ist es her, dass Friedrich Oetinger (1702-1782), ein lutherischer Theologe, dieses Gebet gesprochen hat. Er spricht von einem Bedürfnis, das wir heute auch kennen: Wir suchen nach Wegen mit dem Schicksal umzugehen, ohne ihm zu erliegen. Das Gebet bietet Gelassenheit, Mut und Weisheit als Wegbegleiter an.

Es ist eine Kunst, das Leben anzunehmen wie es gerade ist. Wer sich mit dem Leben versöhnen möchte und trotz aller widrigen Umstände persönliches Glück dauerhaft erleben will, muss etwas dafür tun: Anzunehmen was ist, kann man trainieren.

Diese Affirmation kann Sie dabei unterstützen.

„Ich lerne immer besser ..."
Das ist ein Lernprozess, in dem wir die Bereitschaft weiterentwickeln anzuerkennen, was geschieht. Je häufiger wir uns darauf einlassen können, umso müheloser und selbstverständlicher steht uns diese innere Haltung zur Verfügung. Schließlich integrieren wir sie ganz.

„... anzuerkennen, was ich nicht ändern kann."
Die innere Auseinandersetzung zwischen verzweifelter Abwehr und verzeihendem Annehmen lässt sich nur erahnen. Widerstand gegen das, was wir nicht für uns akzeptieren wollen, ist mit Angst verbunden. Innere Abwehr paart sich mit der Sehnsucht, es möge doch anders sein. Dieser innere Streit braucht Zeit, um einen Weg zur Akzeptanz zu finden. Der Weg kann steinig sein. Reaktionen aus der Hilflosigkeit heraus ändern nichts, sondern machen deutlich: Es gibt Situationen, denen stehen wir tatsächlich machtlos gegenüber. Das einzige, was wir aktiv tun können, ist die Veränderung anzuerkennen.

Gelassenheit, Mut und Weisheit sind die Wegbegleiter eines zufriedenen, glücklichen Lebens. Machtlosigkeit und Hilflosigkeit zeigen uns unsere Grenzen. Anerkennen heißt, akzeptieren was ist. Hören die Fragen nach dem Warum und Wieso auf, können sich unsere Gefühle zum Positiven verändern. Wir sind wieder frei und offen und begegnen dem Leben kraftvoll.

Ich heiße Veränderung willkommen.

Spirale aus Stein
Summerville Beach Provincial Park, Summerville, Nova Scotia, Kanada

Einzelne, große Kieselsteine liegen am Strand von Summerville Beach. Wie lange schon haben sie hier ihren Platz? Ich lege sie zu einer Spirale. Wir erkennen den Zeitablauf am Wechsel und an der Veränderung. Jeder einzelne Stein der Spirale wurde im Laufe der Zeit von Ebbe und Flut und der Ausdauer des stets wiederkehrenden Wassers geformt.

Dieser Prozess hält an, Veränderung fließt mit der Zeit. Auch die Steinspirale wurde mit der nächsten Flut fortgeschwemmt.

Leben, wachsen, werden, vergehen.

Der natürliche Zyklus allen Seins folgt der Veränderung.

In diesen Rhythmus ist auch das menschliche Leben eingebunden.

Die Spirale symbolisiert Veränderung, aber auch die Einheit allen Seins.

Was sich verändern wird, ist in der Idee der immerwährenden Bewegung
und ihres Vergehens bereits enthalten.

Ich heiße Veränderung willkommen.

Die Spirale ist ein Symbol für lebendige Veränderung. Als Auswärtsbewegung geht sie von einem Zentrum aus und setzt sich in einer immer weiterführenden kreisähnlichen Bewegung fort.

Als Symbol auf das menschliche Leben bezogen kann die Spirale für die Bewegung einer Energie stehen, die uns von der Geburt bis zum Tod zur Verfügung steht:

- Wir wachsen körperlich, durchlaufen strukturierte Entwicklungsphasen, wir altern.
- Wir wachsen geistig, lernen jeden Tag durch neue Erfahrungen, erwerben Wissen und suchen nach Wahrheit.
- Wir wachsen und reifen zu einer Persönlichkeit. Unsere Energie setzen wir ein, um unser unverwechselbares Leben zu gestalten.

Wir lassen uns auf die Spirale der ständigen Veränderungen in unserem Leben ein und gehen durch Höhen und Tiefen. Wir lernen, wachsen, werden - Kreise schließen sich für uns und wir betrachten das Leben von wechselnden Standpunkten aus.
Die Spirale steht als Symbol für Wandel und Wiederkehr, für viele Entwicklungsprozesse im Leben, oder auch für das Leben selbst.

Jeder Augenblick ist immer wieder neu. Wir haben die Wahl, ihn willkommen zu heißen oder ihn abzulehnen. Jede Lebensphase hält ihre eigenen Herausforderungen bereit. Durch Erfahrung lernen wir damit umzugehen. Immer mehr Selbstvertrauen und Gelassenheit zu entwickeln, bereitet uns auf die vielfältigen Veränderungen des Lebens vor. Diese Affirmation unterstützt uns darin, das Leben willkommen zu heißen und das, was ohnehin geschieht, mit zunehmender innerer Sicherheit annehmen zu können.

Ich heiße Veränderung willkommen.

Wachstum findet nicht nur aufgrund vorbestimmter Entwicklungsprozesse statt, sondern wir gestalten aktiv und kreativ unser Leben. An Ereignissen und Veränderungen, die wir bewusst verarbeiten, reifen wir innerlich. Wir setzen unsere Energie ein, um an Ziele zu kommen und immer wieder unseren eigenen Weg festzulegen. Begabungen und Talente nutzen wir und fügen neu Erlerntes hinzu - bereit, dem Abenteuer Leben zu begegnen.

In diesem positiven Sinne wollen wir Veränderung willkommen heißen.

Wir wissen, dass auch anderes auf uns zukommen kann, schwere Schicksalsschläge vielleicht, die mit viel Leid verbunden sind, und die Lebensängste auslösen. Es ist heilsam, sich auch schweren Veränderungen nicht zu verschließen. Erst im Blick zurück wird es möglich sein, die Entwicklung, die das Leben uns zugemutet hat, vielleicht zu verstehen und anzunehmen.

Veränderungen halten unser Interesse, unser Leben und uns selbst lebendig. Sie haben etwas Dynamisierendes, regen zu neuen Perspektiven an, und manchmal zwingen sie uns sogar dazu, einen neuen Standpunkt einzunehmen. Natürliche, zufällige oder selbst bestimmte Veränderungen sind der Rückenwind, mit dem wir uns auf der Spirale des Lebens nach vorne bewegen.

Verzeihen schenkt mir inneren Frieden.

Wassertropfen
Stuarts Lake, South West Port Mouton, Nova Scotia, Kanada

Der Tag ist trüb, es regnet heftig. Tropfen rinnen an Scheiben herunter. Wasser sammelt sich im See, in Bächen, Erdmulden und Kuhlen, bis es zum Überlaufen kommt.

Was aufgestaut wird, muss überfließen.

Ein trüber Tag lädt zu stiller Sammlung ein.

Ich blicke hinaus und betrachte die Ansammlungen von Wasser.

Ich bemerke das Überfließen dessen, was nicht mehr aufgenommen werden kann,

was zu viel ist. Verhält es sich mit dem Leid in uns nicht ähnlich?

Unausgesprochenes Leid staut sich solange auf, bis der eine berühmte Tropfen

das Fass zum Überlaufen bringt. Ist die Zeit reif, wird das Leid überfließen.

Vielleicht in Tränen. Tränen haben reinigende Wirkung –

auch wenn es um Versöhnung und Verzeihen geht.

Verzeihen schenkt mir inneren Frieden.

Zu verzeihen ist eine Entscheidung, die nicht immer leicht fällt.

Wir glauben häufig, nicht verzeihen zu können. Ein seelischer Schmerz sitzt zu tief oder eine Kränkung hat eine Wunde gerissen. Wir sind zutiefst verletzt und wollen nicht verzeihen.

Solange wir jedoch in Gedanken an dem Leid festhalten, binden wir Lebensenergien und belasten damit nicht nur das Gemüt, sondern auch den Körper: Ein Stich im Herzen, ein Übelkeitsgefühl im Magen, Hitzewallungen oder hoher Blutdruck - das können Symptome sein. Nicht zu verzeihen, wirkt sich auf das seelische *und* das körperliche Wohlbefinden negativ aus.

Was hindert uns daran, zu verzeihen?
Fürchten wir, geschehenes Unrecht damit in Recht zu verwandeln?
Oder fürchten wir, die „Täter" zu rehabilitieren?

Wenn wir verstehen, dass es nicht um die anderen, sondern um uns selbst geht, haben wir bereits einen großen Schritt getan. Es dauert seine Zeit, bis wir bereit sind zu verzeihen. Danach erst steht uns unsere Lebensenergie wieder voll zur Verfügung und wir können den Blick nach vorne richten. Können wir dagegen nicht verzeihen, bleiben wir der Vergangenheit schmerzlich verhaftet.

Das bewusste Bemühen darum, verzeihen zu können, ist heilsam. Versuchen wir zu verstehen, was mit uns passiert: Ein kränkender Schmerz kann ausgelöst werden, weil in uns eine empfindliche Stelle getroffen wird, weil alte, nicht verheilte Wunden angerührt werden, weil eine Erwartung enttäuscht wird oder weil Würde oder Liebe nicht gewährt werden. Ohne es bewusst zu wollen, bewerten wir etwas als kränkend, fühlen uns persönlich angegriffen, nicht gesehen oder nicht gewürdigt, minderwertig behandelt oder nicht ernst genommen. Wir sehen uns möglicherweise als Person in Frage gestellt.

Es hilft auch zu begreifen, was andere dazu treibt, verletzen zu wollen oder es zumindest in Kauf zu nehmen. Wenn wir ein gewisses Verständnis für die Situation oder für die Person entwickeln, können wir leichter verzeihen. Damit geben wir anderen nicht Recht. Wir erkennen nicht ihre Worte oder Ihre Haltung an. Wir zeigen nur, dass wir uns von ihnen frei machen. Was andere sagen oder tun, hat in erster Linie mit ihnen selbst zu tun. Es beruht auf ihrer Sicht der Welt. Für uns ist es besser, Abstand zu schaffen und uns deutlich abzugrenzen, statt ihre Verletzungen anzunehmen.

Schließen wir die Tür zur Vergangenheit, öffnet sich eine andere Tür in die Zukunft: Der letzte Schritt ist die Entscheidung, verzeihen zu wollen. Damit tun wir vor allem uns selbst einen Gefallen. Eine Belastung wird uns von der Seele genommen. Wir fühlen uns befreit. Verzeihen schenkt inneren Frieden.

Der Schwache kann nicht verzeihen. Verzeihen ist eine Eigenschaft des Starken.

(Mahatma Gandhi, 1869-1948, geistiger und politischer Führer Indiens)

Innehalten unterstützt mich.

Wilder Wald
South West Port Mouton, Nova Scotia, Kanada

Licht und Nebel geben ein Schauspiel vor meiner Haustür. Die Sonne leuchtet durch die Zweige einer alten Tanne, die fast keine Nadeln mehr hat. Umso schöner zeigen sich die zahlreichen Flechten an ihren Ästen. Vom Licht der Sonne durch den Nebel hindurch beschienen, werden sie zur Attraktion.

Sehe ich das Bild an, spüre ich Erhabenheit und Würde.

Etwas Tieferes in mir wird angesprochen. Das Licht ist durchdringend.

Es dringt auch durch mich hindurch und nimmt mich gefangen.

Einen Augenblick verweile ich bei der Szene und bei meinem Gefühl.

Ich nehme weitere Einzelheiten wahr und erkenne immer mehr

die Schönheit des Moments.

Ich halte inne – und spüre Ewigkeit.

Innehalten unterstützt mich.

Einatmen. - Atem halten. - Ausatmen. - Innehalten.

Bewusst den Atem beobachten und einen kurzen Moment innehalten verbindet innere Abläufe und äußeres Geschehen.

Gewohnheiten und Anforderungen von außen bestimmen zu einem großen Teil unseren Alltag. Routine und feste Abläufe geben ihm Struktur. Gleichzeitig sind sie aber auch unser tägliches Gefängnis: Fremdbestimmung, Erwartungen auf verschiedensten Ebenen, hohe Anforderung am Arbeitsplatz, Verpflichtungen der Familie und den Freunden gegenüber, Rollendruck, Konsumzwänge. Nicht nur Erwachsene, auch Kinder gewöhnen sich wie selbstverständlich sehr früh an diesen ganz alltäglichen „Wahnsinn".

Wo lernt man noch, sich selbst zu spüren?
Wie schafft man es, bei sich zu bleiben?

Wir leben in einer gehetzten Gesellschaft. Keine Zeit zu haben, ist eine der am meist verbreiteten „Krankheiten". Kennen Sie ihre Symptome?

Wir wollen schnell fertig werden. Immer wartet noch andere Arbeit oder eine Verabredung. Stress und Zeitdruck gehören zum Alltag, Leben verläuft auf der Überholspur, es geht Schlag auf Schlag. Kein Wunder, dass wir uns am Ende des Tages auch „erschlagen" fühlen.

Vor lauter Pflichterfüllung und Verantwortung-wahrnehmen, Anforderungen-gerecht-werden und Erwartungen-anderer-nicht-enttäuschen-wollen haben wir keine Zeit zu spüren, was denn eigentlich unser Leben ausmacht. Wir VERleben die Tage, ohne sie wirklich zu ERleben und ohne das LEBENDIGE darin zu bemerken.
Innehalten bedeutet, diesen Kreislauf zu unterbrechen. Es bedeutet, mit der eigenen, gefühlten Lebendigkeit in Kontakt zu kommen und sich selbst innerlich wahrzunehmen.

Halten wir inne, spüren wir nach, machen wir uns den Augenblick bewusst:

- Was mache ich gerade?
- Was fühle ich?
- Ist es das, was ich tun und ausdrücken will?
- Was sage ich eigentlich - warum und mit welcher Absicht?

Beantworten wir uns diese Fragen, erleben wir in der beabsichtigten Begegnung mit uns selbst den Augenblick intensiv.

Einatmen. - Atem halten. - Ausatmen. - Innehalten.
Es atmet uns ohne unser Zutun.

Atemübung

- Ich atme tief durch, atme durch die Nase ein und durch den Mund wieder aus.
- Ich atme noch einmal - und werde mir bewusst, wie der Atem durch meinen Körper fließt.
- Für einen Augenblick schließe ich die Augen. Nun kann ich besser nach innen sehen.

Ich spüre mich. - Blickwechsel und Selbstwahrnehmung halte ich bewusst mit dem nächsten Atemzug fest, schicke meinen Atem bewusst tiefer in meinen Körper hinein - in meinen Bauch, in die Beine, in die Arme, in Füße und Hände.

Mit dem nächsten Atemzug bleibe ich bei meinem Körpergefühl. Ich spüre Wärme, Prickeln, Pulsieren, Kühle, Herzschlag ... Ich bin ganz bei mir.

Ich bin zentriert, der Atem fließt von alleine, begleitet ruhig mein Körper- und Bauchgefühl.

Erholt und gelassen kehre ich in das Geschehen um mich herum zurück. Sobald ich die Augen öffne, bin ich wieder voll da.

Ich kann zulassen, was ist.

Dünen, Gras
Summerville Beach Provincial Park, Summerville, Nova Scotia, Kanada

Es ist ein kalter Wintertag am Atlantischen Ozean. Ein Spaziergang in der klaren Luft und unter blauem Himmel weckt die Lebensgeister.

Kühler Wind weht vom Meer herüber, streicht über die Dünen. Die Gräser sind in ihrem Winterkleid. Sie bewegen sich mit dem Wind vor dem blauen Himmel.

Das einheitliche Bild von Farben und Bewegung wirkt beruhigend schön.

Die ockergelbe Farbe der Gräser erzählt vom Verwelken und von Vergänglichkeit.

Die Kälte zwingt die Gräser zum Rückzug und dazu,

ihr Wachstum für eine Zeit lang einzustellen

und ihre „Lebendigkeit“ vorübergehend loszulassen.

Gräser können den Rückzug nicht wählen, sie müssen zulassen was ist.

Wir Menschen hingegen wollen nicht immer zulassen, was ist.

Ich kann zulassen, was ist.

Wir können zulassen, was ist.

Wenn wir nicht kontrollieren können was geschieht, bleibt uns wenig Spielraum: Was ist, ist ohnehin da, selbst wenn wir es nicht zulassen *wollen*. Das bedeutet nicht, dass es leicht ist, anzunehmen was ist.

Ohne Schwierigkeiten akzeptieren wir Dinge, Menschen, Eigenschaften, Gedanken und Gefühle, die uns angenehm sind. Unerwünschtes dagegen blenden wir gerne aus: Wahrnehmung, Unterbewusstsein und Gehirn spielen meist perfekt zusammen und schützen uns vor Erinnerungen oder vor Gefühlen und Erkenntnissen, die wir nicht aushalten können. Unbewusst wollen wir nichts davon wissen und nehmen deshalb auch nicht wahr, was sich bereits in einem Gedanken oder einer stummen Einsicht zeigt. Wir sind noch nicht bereit, es zuzulassen.

Wir gewinnen, wir verlieren. Obwohl wir diese Erfahrung immer wieder machen, fällt es schwer, die Tatsache anzuerkennen, dass alles in unserem Leben einem Rhythmus unterliegt: Biorhythmus, Zeitrhythmus, Wachstumsschübe, Leistungskurven, Alterungsprozesse - Hochs und Tiefs. Wir haben helle Tage voller Glück und dunkle Tage, an denen wir glauben, in unserer Traurigkeit unterzugehen.

Kein Mensch sieht sich gerne scheitern. Die dunklen Seiten sind schmerzlich. Häufig zu schmerzlich. Wir wollen sie nicht aushalten und wir wollen sie schon gar nicht vor anderen ausbreiten. Schwäche, Mangel, Verletzlichkeit und Fehler wollen wir verbergen, manchmal sogar vor uns selbst. Trotzdem - das wissen wir - sind diese Schattenseiten nun einmal da. Sie abzuwehren kostet viel Energie und führt gleichzeitig zu keinem Erfolg. Das ist eine Auseinandersetzung, die wir ein Leben lang führen, wenn wir uns nicht dazu entschließen, auch zu unseren dunkleren Seiten zu stehen. Erst wenn wir ihnen freundlich und gütig begegnen, fühlen wir uns wirklich *heil* und *ganz*.

Es ist jedoch auch nicht immer leicht, sein Glück anzunehmen. Manche Menschen haben so große Angst vor Enttäuschungen, dass sie sich nicht erlauben, ihr Glück zuzulassen. Noch bevor sie es spüren und in ihr Herz hineinlassen, reden sie es sich selbst schon wieder aus: „Du wirst doch nur enttäuscht. Das wird nicht lange halten. Den Schmerz, dieses Glück wieder zu verlieren, kann ich nicht aushalten." Wer seinen Ängsten näher ist als seinem Vertrauen, verzichtet lieber ganz, als weiteren Schmerz zu riskieren. Er verschenkt aber damit die Möglichkeit, mit anderen Menschen in veränderten Situationen *neue* Erfahrungen zu machen.

Diese Affirmation unterstützt den Mut, sich selbst die Chance zu neuen Erfahrungen zu geben und anzunehmen, was ist.

- Akzeptanz des eigenen So-Seins.
- Akzeptanz der eigenen Grenzen.
- Akzeptanz der äußeren Ereignisse.
- Akzeptanz des Schmerzes.
- Akzeptanz von Veränderung.

Zuzulassen was ist, schafft Raum für inneren Frieden und ungekannte Stärke. Stärke, die keinen Kampf braucht, sondern großzügig und risikobereit Widersprüche versöhnt.

Es finden sich Lösungen für all meine Probleme.

Felsen im See
Stuarts Lake, South West Port Mouton, Nova Scotia, Kanada

Auf dem Wasser des Sees wird das Licht der Mittagssonne reflektiert. Aus dem golden glänzenden Wasserspiegel heben sich dunkel flache Felsen im Gegenlicht ab. Gleißendes Licht führt aus dem dünnen Schilf im Vordergrund wie ein Weg über den ganzen See, ehe es sich am Horizont im dunklen Wald verliert.

Der Zauber des Moments löst alle Anspannung in mir.

Ich will nur einatmen und ausatmen.

Den schwarzen Felsen ist ihre Bedrohung genommen.

Wege des Lichts führen nach allen Seiten aus dem Dunkel heraus.

Ich atme Gelassenheit ein und das Vertrauen aus,

dass sich für alle Probleme immer wieder neue Lösungen finden.

Es finden sich Lösungen für all meine Probleme.

Diese Affirmation spricht von Vertrauen:

Vertrauen in uns selbst.
Vertrauen in den Lauf des Lebens und seinen Ideenreichtum.
Vertrauen in das Universum.
Vertrauen in andere Menschen.
Vertrauen in das Zusammenspiel von Zeitablauf und Veränderung.

Eine Sache oder eine Situation wird zu einem Problem, wenn wir uns bedroht fühlen. Das ist keine objektive Größe, sondern unsere subjektive Wahrnehmung: Etwas läuft einem unserer Ziele entgegen, vereitelt womöglich unsere Pläne oder passt gar nicht zu unserer Lebenseinstellung. Etwas ist uns im Weg, das wir nicht haben wollen.

Es ist hilfreich und erleichternd, zunächst die Gedanken loszulassen, die um ein Problem kreisen. Häufig lösen wir nicht durch angestrengtes Nachdenken ein Problem, sondern unerwartete Ereignisse führen zu einer neuen Einschätzung.

Distanz zwischen sich und sein Problem zu bringen, ermöglicht einen Perspektivenwechsel. Zeitlicher Abstand, der Blick über den eigenen Tellerrand und auch Verständnis für sich selbst sind dabei hilfreich. Was wir als problematisch empfinden, hängt mit unserer Persönlichkeit und unserer Sichtweise zusammen. Was für den einen Menschen „nur" ein Hindernis ist, mag sich für einen anderen als Katastrophe darstellen. Wieder andere nehmen die gleiche Situation gar nicht als problematisch wahr. Nicht das Hindernis selbst ist das Problem, sondern der Blickwinkel, aus dem wir es betrachten.

Wir entwickeln Vertrauen,

- in dem wir uns bewusst machen, dass alles zwei Seiten hat: Suchen wir nach Chancen in problematischen Situationen.
- in dem wir akzeptieren, dass etwas schwierig ist, weil wir es so bewerten: Sehen wir über den eigenen Tellerrand hinaus.

- in dem wir loslassen: Lassen wir Zeit verstreichen und verlassen wir uns darauf, dass sich eine Lösung finden wird.

Urvertrauen. Probleme tauchen auf. Sich bewusst werden.

Handeln, zulassen, loslassen. Vertrauensvorschuss gewähren.

Sein lassen. Geschehen lassen. Vertrauen wirkt, es finden sich Lösungen.

Halten wir uns bereit, eine Lösung zu erkennen, wenn sie kommt. Früher oder später findet sie sich - durch eine zündende Idee, durch die Umstände, durch eine neue Sichtweise, durch Zeitablauf, durch veränderte Wertung. Ist die Zeit reif, werden wir das Richtige tun.

Worte machen einen Unterschied:

Notlage - hier sind absolute Aufmerksamkeit und ganz konkrete Reaktionen gefordert. Gedanken und Handlungen beziehen sich auf eine rasche Lösung.

Problem - wir assoziieren damit etwas Schicksalhaftes, das uns passiert, und bleiben passiv. Widerspruch, Ärger und Angst können das Problem verstärken.

Sorge - Sorgen binden Gedanken und bedrücken uns. Sie lösen innere Unruhe aus, die quälend sein kann. Ursache und Lösung liegen in uns selbst.

Herausforderung - das klingt nach lösbaren Schwierigkeiten! Wir können etwas tun, wir erlauben uns, aktiv zu werden. Mut und Zuversicht bestimmen unser Handeln.

Ich achte auf meine Intuition.

Flügel einer Kohlmeise
South West Port Mouton, Nova Scotia, Kanada

Im Winter kommen viele verschiedene Vögel zu unserem Vogelhaus, um Futter zu suchen. Sie fühlen sich schnell hier zu Hause und es ist erstaunlich, wie sich die Vögel untereinander „absprechen": täglich, zu nahezu festen Zeiten, besuchen jeweils bestimmte Vogelarten das Vogelhaus.

Federleicht.

Einfach wissen, was zu tun ist.

Verständigung ohne Worte.

Ein Vogel braucht keinen Mut zum Fliegen,

er macht intuitiv das Richtige.

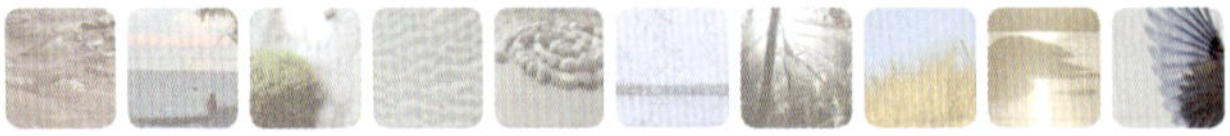

Ich achte auf meine Intuition.

Federleicht. Einfach wissen, was zu tun ist - ohne Anstrengung. Wie der Vogel, der keine Erklärung dafür braucht, dass es für ihn richtig ist zu fliegen. Er spürt es einfach.

Intuition ist ein Geschenk der Natur an uns Menschen. Sie steht uns als tieferes Wissen zur Verfügung, das im richtigen Moment einfach DA ist. Für mich fühlt es sich angenehm erleichternd und beflügelnd an, mich auf Wissen verlassen zu können, das einfach zur Verfügung steht, ohne dass ich dafür lernen oder mich anstrengen muss.

In unserer wissenschaftsgläubigen Welt machen wir es uns und unserer Intuition zunehmend schwerer. Die Konkurrenz zwischen logischem Verstand und Intuition hat sich verschärft. Was nicht bewiesen oder beweisbar ist, dem trauen wir nicht mehr so recht. Selbst emotionale Entscheidungen versuchen wir logisch zu begründen, anstatt einfach das Herz bzw. den Bauch sprechen zu lassen.

Das Misstrauen ist unangebracht. Aus dem Gefühl heraus entscheiden wir in Bruchteilen von Sekunden intuitiv komplexe Fragen: Unser Unterbewusstsein, unsere geheimsten Ängste und Wünsche, all unser Wissen und unsere Erfahrung, unsere Vorlieben und Abneigungen - alles ist in einer spontanen Bauchentscheidung berücksichtigt. Eine so klare und umfassende Antwort kann unser Verstand nicht geben - auch wenn er meint, alles besser zu wissen und größere Überzeugungskraft zu besitzen.

Kennen Sie den Konflikt zwischen Bauch und Verstand?
Kennen Sie IHR Gefühl, wenn eine intuitive Antwort oder Idee plötzlich DA ist?
Von welcher Seite lassen Sie sich in aller Regel überzeugen?

Mir flößt es Respekt ein, wie unser Körper funktioniert: Wie er in winzigen Zellen Erinnerungen speichert, die der bewusste Verstand längst vergessen hat; wie er Gefühle und Gedanken koppelt; wie er uns durch ein Körpergefühl auf das aufmerksam macht, was uns persönlich betrifft. Dieses tiefe Wissen verdient große Achtung.

Es erfordert Demut des Verstandes, achtsam und gegenwärtig in den Körper zu spüren und zu hören, was er sagen will. Beziehen wir bei einer Entscheidung unsere Intuition mit ein, erlauben wir uns größere Übereinstimmung zwischen Fühlen und Handeln. Wir sind uns selbst sehr nah und wir sind authentischer. Selbstvertrauen und Selbstsicherheit wachsen.

Achtsamkeit.

Halten Sie kurz inne, bevor Sie eine Frage beantworten.

Nehmen Sie Antworten Ihres „Bauchgefühls" wahr.

Beobachten Sie innere Impulse und würdigen Sie diese.

Sehen Sie Intuition und Verstand als gleichwertige Ebenen an.

Vertrauen.

Trauen Sie sich, auf Ihre Intuition zu hören.

Ein spannender Prozess.

Überraschende Intuitionen mögen Mut verlangen, wenn sie in eine unkonventionelle Richtung weisen. Ich betrachte sie aber als große Bereicherung, weil ich viel lerne über meine Begrenzungen, mein Vertrauen und meinen Handlungsspielraum. Ich bin sehr dankbar, dass meine Freundin, die Intuition, sich nicht von meinem Verstand bestechen lässt, sondern mir noch ein anderes, tieferes Wissen zur Verfügung stellt.

Ich bin in meiner Kraft.

Mit neugieriger Leistungsbereitschaft dem Leben begegnen, bringt erfüllende Freude.

Hände und Füße (Fußballen) sind auf dem Boden, einen großen Schritt weit voneinander entfernt. Das Gewicht ist gleichmäßig verteilt. Die Beine bringen alle Kraft auf, sich mit dem Gesäß nach oben zu dehnen. Kopf und Brustkorb streben kraftvoll in Richtung Oberschenkel.

Körper und Geist sind ganz präsent. Ich spreche den Satz und spüre der inneren Wirkung nach: „Ich bin in meiner Kraft."

Selbstverantwortung ist einer der Schlüsselbegriffe, wenn es um die Erfüllung der eigenen Ziele geht. Aus Erfolgen beziehen wir Selbstvertrauen und Lebensfreude. Es ist erfüllend, sein Leben kraftvoll in die Hand zu nehmen.

Wir sind Gestalter unserer eigenen Welt. In Herausforderungen nehmen wir Chancen wahr, geben unser Bestes und verfolgen mit Energie unsere Lebensziele. Unser innerer Reichtum ist das Potenzial, auf das wir uns verlassen können. Alles Erreichte, aber auch jede Niederlage, ist eine Stufe zum Erfolg. Sie fordern uns auf, nicht stehen zu bleiben, sondern mutig weiterzugehen.

Auf unserem Lebensweg gehen wir kraftvoll immer wieder neuen Zielen entgegen.

Herausforderungen des Lebens nehme ich an als neue Chancen.

Ich vertraue auf meine innere Stärke.

Ich bin unabhängig und erfolgreich.

Ich bin reich.

Ich nähre meine Beziehung.

Ich bin kraftvoll.

Ich verlasse mich voll und ganz auf meine Sinne.

Ich bin mutig.

Ich gebe zu jedem Zeitpunkt mein Bestes.

Voller Energie verfolge ich meine Ziele.

Herausforderungen des Lebens nehme ich an als neue Chancen.

Feuerwerk
Charlottetown, Prince Edward Island, Kanada

Zu einem Stadtfest in Charlottetown wird ein gewaltiges Feuerwerk im Hafen gegeben.

Ich möchte von Licht- und Farbexplosionen am Himmel ein paar Fotos schießen. Drücke ich auf den Auslöser meiner Kamera, weiß ich jedoch nie, was später auf dem Bild zu sehen sein wird.

Es ist bereits dunkel. Das Motiv fotografiere ich, ohne es genau zu kennen. Ich hoffe, dass ein klein wenig von dem großen Ereignis darauf zu sehen sein wird.

Die Dunkelheit und das bewegte Motiv

lassen das Fotografieren bei einem Feuerwerk

zu einer Herausforderung werden. Das Ergebnis der Momentaufnahme

wird immer eine Überraschung sein. Überraschend und spannend

geht es überall zu, wo „Feuer“ und „Knalleffekte“ im Spiel sind:

Die Ergebnisse sind nicht im Voraus planbar.

Entlädt sich unerwartet etwas Machtvolles,

müssen wir auf alles Mögliche gefasst sein. Es liegt an uns selbst,

derartige Herausforderungen als Chancen zur Weiterentwicklung anzunehmen.

Herausforderungen des Lebens nehme ich an als neue Chancen.

Das Leben fordert uns heraus.
Es mutet uns einerseits vieles zu, aber andererseits stattet es uns auch mit der notwendigen Phantasie und Kraft aus, diesen Herausforderungen zu begegnen.

Häufig empfinden wir Herausforderungen als Salz in der Suppe, als eine Gelegenheit zu wachsen und uns zu beweisen. Abwechslung hält lebendig. Aber manchmal fühlen wir uns auch zu sehr gefordert, ja *über*-fordert. Das ist entmutigend und blockierend. Wir sehen möglicherweise unsere Chancen nicht mehr, weil die Furcht zu scheitern alles überlagert. Unsere Gedanken kreisen erfolglos um ein *Problem*. Sie suggerieren uns, die Lage sei aussichtslos und sie schneiden uns von unserer Lebenskraft ab.

Nehmen wir wahr, dass wir in einer solchen Gedankenfalle sitzen, haben wir bereits den ersten Schritt aus der Falle getan: Wir können die Gedanken anhalten und sie bewusst in eine andere Richtung lenken. Akzeptieren wir unsere momentane Überforderung, wendet sich das Blatt. Anstatt das Problem selbst zu fokussieren, rücken alternative Möglichkeiten in den Blick. Wir verändern unsere Aufmerksamkeit und entkommen damit der Gedankenfalle.

Wir können uns nun die folgenden Fragen stellen:

- Wenn es so ist wie es ist - was kann ich daraus lernen?
- Wenn ich diese Situation auch nicht bewusst gewählt habe - welche Chancen bietet sie mir dennoch?

Um Chancen zu erkennen ist es notwendig, den Fokus zu ändern. Wir müssen bereit sein, verschiedene Seiten zu sehen und uns für Alternativen öffnen. In dem wir diese Bereitschaft bewusst von uns fordern, stellt sich unser Geist auf eine positive Wirkung ein. Entscheidend ist, dass das Unterbewusstsein die Möglichkeit zur Überwindung der Krise in Betracht zieht.

Erst wenn das der Fall ist, öffnen wir uns für neue Wege und produzieren lösungsorientierte Gedanken, anstatt in Hilflosigkeit stecken zu bleiben. Lebenskraft und Hoffnung erhalten neuen Auftrieb.

Wir haben zwar nicht das Problem selbst verändert, aber unseren Blickwinkel. Mit dem vollständigen Annehmen der Lage verliert innerer Widerstand seine Basis. Wir konzentrieren uns nicht mehr darauf, abzulehnen was passiert, sondern wir öffnen uns für mögliche Chancen, die uns in dieser Herausforderung begegnen.

***„Auch aus den Steinen, die dir in den Weg gelegt werden,
kannst du etwas Schönes bauen."***
(Johann Wolfgang von Goethe, 1749-1832, deutscher Dichter)

Ich vertraue auf meine innere Stärke.

Sonne hinter Bäumen
Insel Matlacha, Florida, USA

Die Sonne geht unter am Golf von Mexiko. Reizvoll formen die bizarren Baumstämme und Äste im Gegenlicht einen Rahmen. Wie starke, massive Arme halten sie die leuchtende Kugel in ihrer Mitte fest. Eine strahlende Quelle von Stärke - das Licht spiegelt sich im Wasser und verdoppelt die Kraft der Ausstrahlung.

Die Wärme der Sonne erreicht mich.

Gleißendes Licht blendet, Gegenlicht erzeugt eine unwirkliche Stimmung.

Die Ausstrahlung erreicht mich, die Quelle von Stärke vor mir

vermischt sich mit der Wahrnehmung meiner eigenen Kraft.

Strahlend, hell und durchdringend fühle ich meine innere Stärke –

und mein Vertrauen gibt ihr einen zuverlässigen Rahmen.

Ich vertraue auf meine innere Stärke.

Diese Affirmation möchte Sie in Kontakt bringen mit *Ihrem* Bild von innerer Stärke. Ich lade Sie ein, die Augen zu schließen und Ihrer inneren Stärke nachzuspüren.

> Wie fühlt es sich für Sie an, Stärke in sich zu entdecken?
> Welche Gefühle und Eigenschaften verbinden Sie damit?
> Nehmen Sie sich einen Augenblick Zeit.

Innere Stärke - das verbinde ich mit etwas Hellem, mit etwas, das sich leicht anfühlt und keine Grenzen hat. Ich weiß, je öfter ich sie in Anspruch nehme, umso mehr wird meine Stärke wachsen und umso zuverlässiger steht sie mir zur Verfügung.

Für mich fühlt sich innere Stärke vertrauensvoll an. Sie ist Teil der Lebenskraft, mit der jeder Mensch ausgestattet ist. Zuweilen verlieren wir die Verbindung zu ihr, beispielsweise wenn das Leben sehr anstrengend und hektisch ist, wenn es uns überfordert. Im inneren Dunkel sehen wir unsere Stärken nicht mehr und glauben schließlich, wir wären völlig kraftlos und könnten nichts zustande bringen.

Entmutigende Gedanken nähren sich aus der Erschöpfung. Sich erschöpft zu fühlen heißt jedoch nicht, keine innere Stärke zu haben. Es heißt allenfalls, sie vorübergehend nicht zu spüren.

Wir brauchen eine Erholungspause, wenn wir uns verrannt haben und stecken bleiben. Wir müssen etwas tun, das uns wieder in Kontakt bringt mit unserer Kraft: Ausreichend schlafen, uns in der frischen Luft bewegen, einen anderen Ort aufsuchen, mit anderen Menschen lachen, für Abwechslung sorgen und auch einmal etwas völlig anderes tun als das, was wir immer tun. Das sind einfache Methoden, mit denen wir eine Zeit der Kraftlosigkeit unterbrechen oder beenden. Tiefergehende Erholung erreichen wir durch körperliche Betätigung: Der Geist kann loslassen, er wird meditativ, entspannt sich. Jeder kann etwas für sich finden, was ihm angemessen ist und seinen Möglichkeiten und Interessen entspricht. Das Wichtigste ist, es zu tun - und es in den Alltag einzubeziehen.

Zu jedem Zeitpunkt und überall kann man durch eine Atemübung unauffällig und schnell mit seiner inneren Kraft in Kontakt gehen. Mit bewusstem Atmen lenken wir die Aufmerksamkeit nach innen auf körperliche Vorgänge, denen wir nachspüren. Unser Geist kann ausruhen, während wir mit dem Gefühl im Körper bleiben. Wir erreichen auf leichte und erleichternde Weise, gedanken - los zu sein. Wir schaffen innerlich Raum für neue Gedanken, die später nachfolgen. Wir machen bewusst für mutige und positive Gedanken Platz.

Atemübung (Atmen Sie in Ihrem Leserhythmus):

Jedes Einatmen stärkt mich, ich nehme neue Kraft auf.
Einatmen.
Mit jedem Ausatmen gebe ich Verbrauchtes, Belastendes ab.
Ausatmen.
Kühl und frisch ist der Ein-Atem.
Einatmen.
Warm und entspannend der Aus-Atem.
Ausatmen.
Einatmen.
Ich lasse alles los, alles fließt ab, ich werde leer.
Ausatmen.
Ich bin bereit.
Einatmen.
mit dem nächsten Atemzug.
Ausatmen.
neue Kraft aufzunehmen.
Einatmen.
Ruhig weiter atmen.

Innere Stärke ist tief in uns verankert. Wir dürfen auf sie vertrauen. In der Konzentration auf den Atem können wir Kontakt zu ihr aufnehmen.

Ich bin unabhängig und erfolgreich.

Segel
Bootstour – Halifax, Nova Scotia, Kanada

Sommer, Sonne und blauer Himmel laden zu einem Ausflug auf das Meer ein. Im Hafen von Halifax nehmen Touristen dieses Angebot gerne wahr. Die Segel werden gesetzt, der Wind bläht sie auf und bringt den Schoner schnell auf Fahrt. Das Leinen der Segel schlägt rhythmisch im Wind, das Boot wiegt sich auf und ab in den Wellen, die Sonne brennt.

Freiheit. Unabhängigkeit. Erfolg. Alles scheint machbar.

Schnell auf dem Wasser dahin zu gleiten, den Kopf im Wind,

das Geräusch der Fahrt und des Wassers im Ohr,

nichts als Meer und Horizont vor mir –

das löst ein Gefühl von Unabhängigkeit aus.

Oder ist es eine Sehnsucht danach?

Ich bin unabhängig und erfolgreich.

Die Segel richtig zu setzen und damit im eigenen Leben Fahrt zu machen, ist ein Bild für Selbstverantwortung. Nicht alleine der Wind treibt unser Schiff, sondern wir müssen es richtig in den Wind stellen, den Kompass korrekt lesen und die Kräfte der Natur nutzen, um an unser Ziel zu kommen.

„Nicht woher der Wind weht ist entscheidend, sondern wie Du die Segel setzt.“
(Seneca, 1-65 n. Chr., römischer Philosoph)

Verantwortung für unser Leben zu übernehmen, ist eine bewusste Entscheidung. Solange wir kein Ziel haben, bestimmen wir nicht selbst, sondern lassen uns von den Umständen bestimmen. Zwar verbuchen wir Erfolge gerne auf dem eigenen Konto, aber für unsere Misserfolge oder Frustrationen machen wir die Umstände oder andere Menschen verantwortlich. So erwarten wir zum Beispiel von anderen, dass sie uns glücklich machen sollen. Aber das funktioniert natürlich nicht. Wir müssen uns selbst bewegen und aktiv unser Leben gestalten, damit das Glück uns begegnen kann.

In der Entscheidung, bewusst und eigenverantwortlich ein Ziel verfolgen zu wollen, liegt bereits Unabhängigkeit. Auf dem Weg zu diesem Ziel werden wir persönlichen Erfolg und Misserfolg kennen lernen. Wir kommen mit uns selbst in Berührung. Wir lernen unsere Stärken kennen, schätzen und nutzen. Wir werden von unseren Schwächen begrenzt und lernen, auch diese Grenzen anzunehmen. Im Dialog mit anderen Menschen, für die wir uns öffnen oder mit denen wir Konflikte austragen, wachsen wir. Und wir wachsen sowohl an Aufgaben, an denen wir scheitern, als auch an jenen, die wir erfolgreich zu Ende führen.

Alles, was wir bewusst lernen, ist ein persönlicher Erfolg, der uns unabhängiger macht.

> Wie sieht es in Ihrem Leben aus? - Bestimmen Sie selbst, wo Ihre Lebensreise hingeht? - Übernehmen Sie Verantwortung?

Nutzen Sie diese Affirmation um zu spüren, was Unabhängigkeit und Erfolg für Sie bedeuten. Werden Sie sich bewusst, wo Sie Ihre Stärken haben und wie Sie diese erfolgreich nutzen können - setzen Sie die Segel!

Ich bin reich.

Lichtspiegelungen
Stuarts Lake, South West Port Mouton, Nova Scotia, Kanada

Sommer am Stuarts Lake. Die Sonne wirft ihre Strahlen auf den See und verändert dessen Aussehen mit jeder Spiegelung. Das Licht ist ein Zauberer. Mit den Wellen des Sees erschafft es ein Geflecht aus Strahlen: Im See liegt ein goldenes Netz.

Die Stimmung am abendlichen See verzaubert mich.

Mein Blick verliert sich auf dem Wasser, das gleißende Licht überwältigt mich.

Ich erkenne das goldene Netz im See und sehe unglaublichen Reichtum.

Das glitzernde Sonnengeflecht im See verbinde ich mit äußerem Reichtum.

Doch auf unerklärliche Weise fühle ich ganz deutlich auch inneren Reichtum.

Zusammenspiel von Sonne, Licht und Wellen –

Reichtum und Fülle durchdringen mich in diesem Augenblick.

Ich bin reich.

Stellen Sie sich ab und zu vor, reich zu sein?
Haben Sie innere Bilder dazu?
Welche Gefühle und Wünsche verbinden Sie damit?

Ich vermute, Geld spielt eine Rolle. Sie denken an Dinge, die Sie sich kaufen möchten, Reisen, die Sie unternehmen werden, oder an einen gewissen Lebensstil, den Sie sich wünschen. Ein inneres Glücksgefühl mag sich einstellen.

Ich möchte Sie einladen, in Gedanken mitzukommen auf eine kleine Reise. Ich möchte Sie jetzt, während Sie dies lesen, auf eine Schatzsuche mitnehmen, in der eine andere Art von Reichtum zu entdecken ist.

Stellen Sie sich vor, Sie sitzen an einem See, rundum nur Wald. Sie sind mitten in der Stille der Natur …

… Sie lassen Ihren Blick über das Wasser gleiten. Die Stille wird erfüllt vom Rauschen des Windes in den Bäumen, von dem Plätschern der Wellen, vom gelegentlichen Ruf eines Vogels. Die Sonne spiegelt sich auf der Wasseroberfläche. In das Licht blinzelnd, nehmen Sie das Gesamtbild in sich auf …

… Stellen Sie sich weiter vor, das goldene Netz aus Sonnenstrahlen auf dem See lädt Sie ein, sich innerlich fallen zu lassen. Es fängt Sie auf und trägt Sie, wie eine Hängematte. Sie liegen bequem in diesem Netz aus Gold. Die Wärme der Sonne fühlt sich angenehm an auf Ihrer Haut. Sanft lassen Sie sich vom Wind hin und her schaukeln. Sie sehen den weißen Wolken am Himmel zu …

… Sie brauchen nichts zu tun. Sie lassen sich auf die Bewegung ein und spüren, wie angenehm und sicher Sie in der großen, goldenen Hängematte liegen. Alles ist gut. Die Natur beschenkt Sie mit ihrem Reichtum.

Schwingen Sie im Rhythmus Ihrer goldenen Hängematte und genießen Sie das, was Sie innerlich erleben.

Quellen inneren Reichtums existieren in uns und sind unabhängig von äußerem Reichtum. Wir können darin Glück finden, auf das wir nicht zu warten brauchen. Es ist bereits da, wir müssen es nur würdigen:

Unser Antrieb, unsere Neugierde, unser Mut und unsere Entschlusskraft, unser Glaube an uns selbst - all dies sind Quellen inneren Reichtums. Die Fähigkeit zu lieben, uns für Freundschaft zu entscheiden, mitfühlend zu sein - unser Gefühlsreichtum zählt dazu. Wenn wir uns dessen bewusst werden, nähren wir diese Quelle.

Wer Fülle ausstrahlt, der zieht Fülle an. Schon in den alten Lebensweisheiten der Chinesen, der Sufis und des Christentums ist davon die Rede. Die Resonanztheorie der Quantenphysik bestätigt: Können wir unseren inneren Reichtum intensiv fühlen und formulieren wir unsere Gedanken entsprechend dazu, ziehen wir weiteren Reichtum an.

Diese Affirmation unterstützt uns, weil sie nicht den Mangel sieht, sondern weil sie die Fülle betont. Sie geht von einem Reichtum aus, den jeder Mensch in sich trägt. Sie lädt ein, sich auf diese Begegnung immer wieder neu und mit ganzem Herzen einzulassen.

Ich nähre meine Beziehung.

Olaf und Sally
Carter's Beach, Central Port Mouton, Nova Scotia, Kanada

Der Fels im Meer zeigt zwei Silhouetten. Die frisch Verliebten spielen mit Sonne, Fels und Schatten. Sie küssen sich, und Betrachter werden Zeugen eines liebevollen Moments.

Schattenriss einer Zuneigung. Innerliche und äußere Zuneigung.

Gefühlsstarke Momentaufnahme.

Das Verlangen sich zu küssen, wird von gegenseitigem Begehren genährt,

und umgekehrt nährt auch der Kuss das Begehren.

Liebe findet ihren Ausdruck durch ein Verhalten –

bestimmtes Verhalten gibt der Liebe Nahrung.

Es ist eine der größten Herausforderungen,

Liebe im Alltag lebendig zu halten.

Ich nähre meine Beziehung.

Gute Beziehungen geben uns Kraft und Lebensmut.
In einer funktionierenden Beziehung erleben wir uns glücklich.
Von Respekt und Achtung getragene Beziehungen lassen jedem Freiheit zur persönlichen Entwicklung. Wir sind im Dialog mit anderen und beziehen uns bewusst aufeinander.

Gute Beziehungen sind kein Zufall. Sie entstehen. Sie wachsen, weil wir Ihnen Nahrung geben. Wir tun etwas, um den Respekt und die Achtung am Leben zu halten. Es ist unsere eigene Verantwortung, Freiheit zu gewähren und Weiterentwicklung zu ermöglichen. Wir selbst müssen dafür sorgen, dass wir nicht sprachlos werden, sondern Vertrauen schaffen, indem wir über das sprechen, was uns bewegt und wichtig ist. - Auf eine einfache Formel gebracht: Was wir selbst in einer Beziehung erleben und haben möchten, das müssen wir auch geben und dafür sorgen, dass reichlich davon vorhanden ist.

Welche „Nahrung" brauchen Sie in Ihren Beziehungen?
Was vermissen Sie und worauf haben Sie den größten Hunger?

Sie erwarten Anerkennung?
- Schenken Sie Aufmerksamkeit.

Sie möchten gesehen und gewürdigt werden?
- Hören Sie zu und würdigen Sie, was Sie hören und sehen.

Sie möchten Freiheit in der Beziehung?
- Lassen Sie anderen ihren Freiraum.

Sie legen Wert auf Offenheit, wollen ehrlich behandelt werden?
- Sprechen Sie offen über Ihre Werte und Erwartungen.

Sie möchten Fehler machen dürfen?
- Gestatten Sie anderen auch, Fehler zu machen.
  Seien Sie selbst großzügig und zeigen Sie Verständnis.

In guten Beziehungen finden wir ein Gleichgewicht zwischen Geben und Nehmen. Beide Partner bringen sich aktiv in die Beziehung ein. Selbstdisziplin und Offenheit, Kompromissbereitschaft und Konfliktfähigkeit, Vertrauen und Zeit - eine ganze Menge „Arbeit" will immer wieder investiert werden, damit eine Beziehung dauerhaft an Tiefe gewinnt und Zuneigung weiter wächst.

Eine Beziehung, die wir regelmäßig nähren, führt zu tiefer Bindung. So machen wir sie zu einer Kraftquelle unseres Lebens.

„Aber, das Bewußtsein vorausgesetzt,
daß auch zwischen den nächsten Menschen unendliche Fernen bestehen bleiben,
kann ihnen ein wundervolles Nebeneinanderwohnen erwachsen, wenn es ihnen gelingt,
die Weite zwischen sich zu lieben, die ihnen die Möglichkeit gibt,
einander immer in ganzer Gestalt und vor einem großen Himmel zu sehen!"
(Rainer Maria Rilke, 1875-1926, österreichischer Schriftsteller und Lyriker)

Ich bin kraftvoll.

Felsformation
Blomidon Provincial Park, Fundy Bay, Nova Scotia, Kanada

Die Küste der Fundy Bay erhält ihren besonderen Charakter durch hohe Felsabbrüche aus Basalt und Sandstein. Jede Flut verändert seit Jahrtausenden die Felsformationen ein wenig, spült den weicheren Sandstein aus und hartes Basaltgestein bleibt in bizarren Formen zurück.

Im Gegenlicht demonstriert der schwarze Fels seine Stärke.

Gestein trotzt der Gewalt des Wassers.

Ein Fels in der Brandung lässt keinen Zweifel daran,

dass er allem standhalten wird.

Kraftvoll und unumstößlich.

Wünschen wir uns selbst nicht auch,

uns auf diese Eigenschaft verlassen zu können?

Ich bin kraftvoll.

Der Fels in der Brandung ist kraftvoll.

Seine Standhaftigkeit und seine Stärke sind Legende und wir wünschen uns oft, so sein zu können. In Gedanken können wir uns in ihn hineinversetzen: Mit der Erde unumstößlich fest verbunden, trotzt er allen Elementen. - Wir benutzen die Metapher vom Fels in der Brandung für innerlich starke, verlässliche Menschen.

„Ich bin kraftvoll."

Bereits beim bewussten Aussprechen dieser Affirmation strömt ein Gefühl von Kraft durch meinen Körper. Ich möchte tiefer einatmen. Die Worte verlangen Festigkeit in meiner Stimme. Mein Stand wird fest und meine Brust hebt sich. Meine Wirbelsäule richtet sich auf und der Kopf strebt nach oben. Mein Blick wird bestimmter, sicherer. Die Wirkung der Worte verändert auch meinen Gesichtsausdruck.

Probieren auch Sie aus, eine kraftvolle Haltung einzunehmen.

Durch eine entsprechende Körperhaltung können wir die Wirkung von Affirmationen intensivieren. Die Haltung lässt uns körperlich spüren, was wir als überzeugend empfinden und was die Worte für uns ausdrücken. Der Körper erinnert sich und speichert das entsprechende Gefühl. Nehmen wir später wieder diese Haltung ein, wird automatisch das Gefühl erinnert. Das können wir nutzen, falls wir uns einmal kraftlos fühlen: Wir nehmen dann diese Haltung ein, die uns mit einem Gefühl von Kraft verbindet - und wir fühlen uns gleich besser.

Affirmationen helfen uns, im Gleichgewicht und im Kontakt mit unseren positiven Seiten zu sein. Gewöhnlich setzt gleich nach dem Aufwachen ein Gedankenstrom ein. Schenken wir ihm Beachtung, können wir ihn lenken und uns innerlich auf den Tag vorbereiten.

Den ersten Gedanken nach dem Aufwachen geben wir bewusst eine Richtung und stellen damit das Unterbewusstsein auf einen kraftvollen Tag ein. Wir legen den Grundstein, der Tag kann sich entsprechend positiv entwickeln.

Einladung zu einem Morgenritual
Mit seiner Kraft in Kontakt gehen

Sie wachen auf.
Die Augen noch geschlossen, nehmen Sie sich wahr, spüren Ihre noch träge Muskulatur. Dehnen und strecken Sie sich. Spüren Sie, wie der Körper wach wird. Bleiben Sie mit Ihren Gedanken in diesen ersten Minuten des Tages bewusst bei Ihrem Körper. Spüren Sie sich.

Sie möchten den Tag kraftvoll beginnen.

Öffnen Sie die Augen, nehmen Sie wahr, wo Sie sind. Richten Sie nun, während des Aufstehens, Ihre Gedanken dankbar auf Ihre Kraft, die Sie durch den Tag begleiten wird. „Ich bin kraftvoll."

Machen Sie sich bewusst: Ihre Kraft wird Ihnen bei allem zur Verfügung stehen, was Sie heute tun müssen. Achten Sie bewusst auf Ihre Körperhaltung. Gehen Sie mit Selbstvertrauen und Zuversicht in den Tag.

Ich verlasse mich voll und ganz auf meine Sinne.

Kolibri
South West Port Mouton, Nova Scotia, Kanada

Von Ende Mai bis Mitte Oktober halten sich Kolibris in Nova Scotia auf. Ich weiß, dass sie von rötlichen Farben angelockt werden und habe deshalb Blumen aufgehängt. Mit viel Geduld und nach langer Wartezeit gelingt mir dieser Schnappschuss. Mit der überraschenden Kraft seiner Flügel hält sich der etwa fünf Zentimeter kleine Kolibri vor der Blüte in Position, um den Nektar trinken zu können.

Wie kann das kleine Wesen so sicher sein Ziel finden?

Wie können die kleinen Flügel solche Kraft entwickeln?

Die Natur erstaunt mich immer wieder.

Sie findet für jegliches Bedürfnis eine ideale Lösung

und beschenkt die Lebewesen mit Instinkten, die ihnen optimal dienen.

Darf ich darauf zählen, dass ich als Mensch – ebenso wie jedes andere Lebewesen –

mit optimalen Instinkten und Sinnen ausgestattet bin?

Eine entsprechende Erfahrung mache ich nur, wenn ich sie zulasse

und auf das Erspüren von Lösungen mit Hilfe meiner Sinne vertraue.

Ich verlasse mich voll und ganz auf meine Sinne.

Der Satz ist eine Vertrauenserklärung.

Durch unsere Augen erleben wir die gegenständliche Welt.
Mit unseren Ohren nehmen wir Teil an der Welt der Geräusche.
Unsere Nase riecht, was wir nicht sehen, fühlen oder hören können.
Essen wir etwas Gutes, kann dies außergewöhnliche Gefühle in uns auslösen.
Unsere Haut - unser Tastsinn - ist empfindsame Grenze *und* Verbindung zwischen innerer und äußerer Welt. Was wir auf der Haut spüren, korrespondiert mit einem Gefühl, mit einer Erfahrung.

Unsere Sinne führen uns sicher durch diese Welt. Was wir mit unseren Sinnen aufnehmen, hat direkte Wirkung auf uns: Wir erkennen, erleben, erfahren, begreifen unsere Umwelt nicht über den Umweg von Verstand und Geist, sondern was wir wahrnehmen, spüren wir ganz unmittelbar mit dem Körper und der Seele. Sinnliche Erlebnisse sind Offenbarungen.

Unsere Sinne ermöglichen es uns, uns gleichzeitig nach außen und nach innen zu richten. Wir nehmen die Welt wahr und bleiben in Kontakt mit unserem Inneren. Sinneswahrnehmung und die Leistung des Verstandes können sich - ja, sie müssen sich ergänzen, damit wir das Leben mit Körper, Seele und Geist begreifen und erleben. Wir erfahren so große Nähe zu uns selbst und ein tiefes Gefühl von Lebendigkeit.

Nehmen Sie achtsam Ihre Sinne wahr – jetzt, während Sie dies lesen:

Lenken Sie Ihre Aufmerksamkeit zu Ihrem Mund, zur Zunge – folgen Sie eventuellen Impulsen, den Mund zu öffnen, die Zunge zu bewegen, zu schlucken. Erspüren Sie alles, was es zu bemerken, zu schmecken gibt.

Richten Sie Ihre Aufmerksamkeit auf Ihre Nase. Atmen Sie durch die Nase. Saugen Sie die Luft ein – Nehmen Sie einen Geruch wahr? – Lassen Sie die angewärmte Luft ausströmen und spüren Sie Ihrem Atmen nach.

Lenken Sie danach Ihre Achtsamkeit auf Ihre Ohren. Fühlen Sie Ihre Ohrmuscheln und machen Sie sich bewusst, wie sie Geräusche aufnehmen können. Welche lauten Geräusche sind im Vordergrund? Gibt es leisere Geräusche, die Sie dahinter auch noch hören?

Richten Sie Ihre Aufmerksamkeit als nächstes auf die Welt, die Sie mit Ihren Augen wahrnehmen. Sehen Sie sich bewusst um und wählen Sie mit Ihren Augen etwas aus, das Sie gerne ansehen. Hängen Sie dabei trotzdem nicht Ihren Gedanken nach, sondern bleiben Sie konzentriert beim Hin-Sehen. Entdecken Sie Einzelheiten!

Konzentrieren Sie sich nun auf Ihren Tastsinn. Lassen Sie Ihre Finger über die Seite gleiten. Wie fühlt sich die Oberfläche an? Spüren Sie auch eine Struktur?

Was er - fühlen Sie noch in diesem Moment? Welche Eindrücke nimmt Ihre Haut auf? Wie fühlen Sie Ihre Kleidung? Wo berührt Sie ein Luftzug? Wie spüren Sie den Kontakt zu Ihrer Sitzfläche oder zur Rückenlehne? Kreisen Sie mit Ihrer Wahrnehmung weiter, solange Sie mögen.

Ich bin mutig.

Lenkdrachen
Magdalenen Inseln, St. Lorenz-Golf, Québec, Kanada

Auf den Magdalenen Inseln findet jeden Sommer ein großer Wettbewerb statt, bei dem Liebhaber von Lenk-Drachen miteinander wetteifern.

Sie lassen ihre Drachen am Himmel tanzen, steuern sie gleichermaßen entschlossen wie geschickt und spielen mit den Winden.

Der Drachen ist ein Tänzer am Himmel.

Frei und mutig vertraut er sich den Winden an.

Auf- und Abwinde führen und tragen ihn leicht und bereitwillig.

Sie sind seine Partner beim Himmelstanz.

Ich verbinde diesen Tanz mit Mut und Leichtigkeit.

Mit Glück und Erfüllung.

Nur wer den Tanz wagt, kann solche Gefühle erfahren

und ungeahnte Ergebnisse erreichen.

Ich bin mutig.

Wie fühlt es sich an für Sie, diesen Satz auszusprechen?

Spüren Sie für einen Augenblick nach, ob diese Aussage mit Ihrem Selbstbild übereinstimmt: Fühlen Sie sich wie ein Held oder wie ein Hasenfuß? - Ich vermute, keines von beiden trifft so ganz zu, oder?

Ich lade Sie ein, den Satz noch einmal auszusprechen und nun aber so zu tun, als ob Sie ein Held wären. Glauben Sie ganz intensiv an Ihren Mut, während Sie sprechen.

„Ich bin mutig." - Bemerken Sie, wie sich Ihr Körpergefühl und Ihr innerer Zustand verändern?

Mut schenkt uns Selbstvertrauen. Wir erfüllen uns Wünsche, in dem wir mutig etwas in die Hand nehmen. Wir stehen für etwas ein in Wort und Tat. Wir werden uns selbst gerecht, in dem wir mutig das tun, was wir uns gar nicht vorstellen konnten, dass wir es tun könnten und dass wir es tatsächlich einmal tun würden.

Eine Geschichte: Ich zeige Mut im Leben!

Wenn Sie in der Stimmung dazu sind, schreiben Sie eine kleine Geschichte über sich.
Die Überschrift heißt: Ich zeige Mut im Leben!
Bei welchen Gelegenheiten haben Sie in der Vergangenheit Mut bewiesen?
Wann haben Sie Ängste wahrgenommen, sie überwunden und mutig und entschlossen gehandelt?
Erinnern Sie sich an das gute Gefühl, eine Mut- oder Lebensprobe bestanden zu haben?

Schreiben Sie alles auf, was Sie erinnern. Auch was für andere unbedeutend sein mag, kann für Sie mit viel Mut verbunden gewesen sein. Reden Sie Ihren Mut nicht klein, sondern spüren Sie Ihren mutigsten Momenten innerlich nach. Jetzt dürfen Sie in den Gedanken daran einmal richtig schwelgen!

Das sind Sie, das ist Teil IHRES Lebens.

Sollten Sie zuweilen nicht mehr mit Ihrem Mut im Kontakt sein, brauchen Sie nur Ihre eigene Geschichte zu lesen. Sie erinnert Sie daran, dass Sie die Entschlossenheit haben, Ängste zu überwinden und zu Ihrem Mut zu finden. Die Erinnerung hilft Ihnen, auch in Zeiten der Schwäche an Ihre kraftvollen Momente anzuknüpfen. Sie spüren, dass Sie auch stark und mutig sind.

Ich möchte Sie nicht dazu verleiten, Ihre Ängste zu übergehen. Ganz im Gegenteil. Ich möchte Sie sogar auffordern, sich Ihre Ängste genauer anzusehen. Trauen Sie sich und sehen Sie hin! Entlarven Sie Ihre Befürchtungen als vielleicht berechtigt, aber nicht allmächtig. Meistern Sie Ihre Ängste, in dem Sie sie anerkennen, machen Sie sich frei für Ihren Mut. Entscheiden SIE sich für IHR Leben.

Fühlen Sie sich angeregt, weiter an Ihrer Erfolgsgeschichte zu schreiben und an Ihrem Selbstbild zu arbeiten? Dann bauen Sie Ihr Vertrauen zu sich selbst weiter auf. Trauen Sie sich zu, in den entscheidenden Momenten zu sich und Ihrem Mut zu stehen. Nutzen Sie diese Affirmation, um mit Ihrem Mut in gutem Kontakt zu sein.

„Mut steht am Anfang des Handelns, Glück am Ende."
(Demokrit, 460-371 v. Chr., griechischer Philosoph)

Ich gebe zu jedem Zeitpunkt mein Bestes.

Raureif auf Birken
Cape Breton, Nova Scotia, Kanada

Raureif und Eis sind wie der Schnee und die Kälte gute Bekannte im Winter Cape Bretons. Die St. Lorenz-Bucht im Westen und Norden und der Atlantik im Osten und Süden beeinflussen stark das Klima der Insel. Kälte und Nebel vereinigen sich zu Eis und hängen sich an die Zweige der Bäume.

Die Birken beugen sich unter der Last des Eises. Sie brauchen ihre ganze Beweglichkeit, um nicht daran zu zerbrechen.

Wir wachsen mit den Aufgaben, die wir uns stellen

oder mit denen wir uns konfrontiert sehen.

Bei kleinen wie bei großen Herausforderungen geben wir stets das,

was zu dem jeweiligen Zeitpunkt und nach unserer jeweiligen

mehr oder weniger bewussten Einschätzung unser Bestes ist.

Je extremer die Lebensbedingungen, umso größer die Anforderung –

und umso mehr wachsen wir über uns hinaus.

Ich gebe zu jedem Zeitpunkt mein Bestes.

Dies ist eine versöhnliche Affirmation. Sie kann uns helfen, uns selbst annehmend und akzeptierend zu begegnen: Einerseits möchten wir unsere persönlichen Fähigkeiten voll ausschöpfen, andererseits steht uns nicht immer unser gesamtes Potenzial zur Verfügung.

Mehr als das, was wir leisten, können wir nicht leisten. Zu schnell ziehen wir selbst oder andere den Rückschluss, dass wir nicht genug wissen, uns nicht genug anstrengen oder der Aufgabe nicht gewachsen sind. Aber ganz häufig gibt es auch andere Gründe dafür, dass wir zwar unser Bestes geben, aber in der Sache nicht das Beste erreichen.

- Wenn wir etwas nicht besser wissen, fehlen uns möglicherweise Ehrgeiz und Ausdauer, uns das notwendige Wissen anzueignen, es ist uns zu anstrengend.
- Oder wir stehen gefühlsmäßig nicht hinter dem, was wir tun, und sabotieren unbewusst unsere eigene Leistung, *„vergessen"* etwas und sind nicht achtsam.
- Wir messen der Sache nicht genug Wert bei.
- Oder wir sind müde, krank oder angeschlagen.
- Sorgen spuken durch unseren Kopf und beeinträchtigen dadurch unser momentanes Leistungsvermögen.
- Wir spüren keine Freude mehr und haben nicht die Kraft, mehr zu geben.

Sie kennen bestimmt selbst zahlreiche weitere, gute Gründe.

Sein Bestes geben.
Im allgemeinen Verständnis klingt das nach absoluter Anstrengung. Über das Mittelmaß hinaus sollen wir Spitzenleistungen bringen: uns verausgaben, das Beste aus allem herausholen, uns nicht zufriedengeben und uns selbst immer weiter zu neuen Höchstleistungen antreiben.

Die Aufforderung: „Gib immer Dein Bestes!" kann uns anspornen. Wir brauchen Aufmunterung, wir brauchen Menschen, die uns etwas zutrauen und an uns glauben. In persönlichen Höchstleistungen erfahren wir nicht nur Anstrengung und kommen an unsere Grenzen, sondern wir erleben auch Glücksgefühle und finden Selbstbestätigung.

Gerade weil wir unser Bestes geben, lernen wir unsere Grenzen anzuerkennen und spüren, wann Anforderungen für uns zu negativem Stress werden. Wir müssen für uns selbst herausfinden, ob wir Reserven haben und Grenzen noch weiter verschieben können und wollen, oder ob wir den (eigenen oder fremden) Anforderungen nach noch mehr und besserer Leistung nicht mehr gewachsen sind. Wir selbst bestimmen, wann wir uns erlauben zu sagen: „Ich gebe zu jedem Zeitpunkt mein Bestes - und jetzt geht es nicht mehr."

Ich gewinne diesem Satz noch eine weitere Seite ab:
Selbst in Erholungsphasen geben wir unser Bestes, denn wir schöpfen neue Kraft für Geist und Körper. Wir geben unser Bestes, weil wir unsere Grenzen anerkennen und uns Erholung zugestehen. Wir geben unser Bestes, weil wir achtsam für uns selbst sind!

Voller Energie verfolge ich meine Ziele.

Ahorn-Blüte
Stuarts Lake, South West Port Mouton, Nova Scotia, Kanada

Eine kleine Hütte steht auf den Felsen im See, zwischen den Bäumen am Ufer. Direkt vor der Hütte wächst ein gekrümmter Ahornbaum. Im Frühling erwacht er zu neuem Leben und streckt seine kerzengeraden Sprieße dem Licht entgegen. Die Ahorn-Blüten sind immer die ersten Boten des Frühlings.

Nichts kann den schmächtigen Baum davon abbringen,

im Frühling zu neuem Leben zu erwachen.

Alle Energie ist auf das Ziel gerichtet, sich dem Licht entgegen

zu strecken und zu wachsen, Triebe zu entwickeln, Blüten zu treiben

und ein üppiges Kleid schützender Blätter zu tragen.

Voller Energie verfolgt die Natur ihre Ziele.

Die Natur ist mir Vorbild. Voller Einsatz, mit Herz und Verstand dabei zu sein,

ist die beste Garantie dafür, Ziele tatsächlich zu erreichen.

Voller Energie verfolge ich meine Ziele.

Wohin wir unsere Aufmerksamkeit richten, dorthin wird Energie gelenkt.
Sind wir stark motiviert, ein Ziel zu erreichen, mobilisiert das in uns die notwendige Energie, dieses Ziel auch erreichen zu können.
Weil wir das Ziel formuliert haben, bewegt sich auch etwas im Äußeren: Wir begegnen den „richtigen" Menschen und kommen zu „passenden" Ereignissen zur „rechten" Zeit. Impulse, Ideen, Dinge, Hilfen jeglicher Art fallen uns zu. Zufall ist das, was uns zufällt, wenn es fällig ist.

„Sobald der Geist auf ein Ziel gerichtet ist, kommt ihm vieles entgegen."

(Johann Wolfgang von Goethe, 1749-1832, deutscher Dichter)

Wir erschaffen mit dem Energiefluss unserer Gedanken eine Wirklichkeit, die sich von der anderer Menschen unterscheidet. Was uns motiviert, ist individuell unterschiedlich.
Entscheidend aber, ob wir den Weg bis zur Ziellinie zurücklegen, ist die Stärke unserer Motivation. Erscheint uns das Ziel lohnend genug, wird uns genügend Energie zur Verfügung stehen. Sie wächst (oder sinkt) mit dem Prozess. Wir müssen auf diesem Weg Opfer bringen, brauchen großes Engagement, Willenskraft und Ausdauer. Je mehr für uns auf dem Spiel steht - persönlich, beruflich oder zwischenmenschlich - umso konsequenter werden wir den entsprechenden Einsatz auch wirklich bringen können.

Die größten Hindernisse liegen in uns selbst: Zweifel, Faulheit und Trägheit, Angst vorm Scheitern oder vor dem Erfolg, Mutlosigkeit, mangelndes Selbstwertgefühl und Selbstvertrauen, fehlendes Durchsetzungsvermögen - innere Widerstände wachsen mit dem Schwierigkeitsgrad des eingeschlagenen Weges. Aber jede einzelne Auseinandersetzung mit einem Widerstand macht uns stärker. Sie ist eine Chance, immer wieder aufs Neue herauszufinden, warum wir nicht aufgeben, sondern weitermachen. Jedes Mal, wenn wir einen Zweifel überwunden haben, wissen wir noch genauer als vorher, warum wir unser Ziel weiter verfolgen. Und jedes Mal machen wir uns von Neuem deutlich, was wir gewinnen und welchen Einsatz wir dafür bringen wollen.

Haben wir das Ziel vor Augen, können wir uns dazu in Beziehung setzen. Persönliche Betroffenheit löst ein Gefühl aus, das uns anspornt, Lust erzeugt und neugierig macht. Das gibt uns die notwendige Tatkraft und den Mut, uns auf den Weg zu begeben. Wo keine persönliche Betroffenheit ist, bleibt das Interesse aus. Deshalb ist es auch so einleuchtend, dass uns nicht reizt und lockt, was nichts mit uns zu tun hat. Wenn andere für uns Ziele bestimmen und Leistungen von uns verlangen, können wir natürlich auch die Willenskraft aufbringen zu erfüllen, was von uns erwartet wird. Aber sobald sich Widerstände zeigen, werden wir wahrscheinlich sehr viel schneller aufgeben.

Ist unser Ziel aus unseren eigenen Wünsche und Bedürfnissen heraus entstanden, ist die Wahrscheinlichkeit groß, dass wir an unserem Ziel ankommen. Was dort auf uns wartet, ist mehr als nur die Befriedigung, die in dem Erfolg liegt, es geschafft zu haben. Es ist vor allem ein Gefühl größter Selbsterfüllung.

Lassen wir uns von dieser Affirmation unterstützen:
Sie kann uns in Zeiten des Zweifels wieder bewusst machen, dass unser Ziel lohnend ist und wir *deshalb* alle Energie einsetzen, um dort anzukommen.
Sie hilft uns im Blick zu behalten, wo wir ankommen wollen.
Sie lässt uns einen persönlichen Bezug zu unseren Zielen spüren.

Ich sehe die Welt.

Die Welt hält für mich bereit, was ich brauche.
Wie möchte ich mich auf diese Begegnung einlassen?

Mit Händen und Knien bin ich im Kontakt mit der Erde. Bewusst atme ich ein und spüre, wie sich die Wirbelsäule nach unten und der Kopf nach oben bewegt. Mein Brustraum wird weit. Mein Blick geht in die Welt hinaus und bewusst betrachte ich, was ich sehe.

Körper und Geist sind ganz präsent. Ich spreche den Satz und spüre der inneren Wirkung nach: „Ich sehe die Welt."

In der Welt gibt es viel zu entdecken. Worauf schauen wir? Was nehmen wir wahr? Sind wir bereit anzunehmen, was uns begegnet?

Schönheit ist überall zu entdecken. In der Natur liegt Inspiration. Jeder Mensch trägt durch seine eigene Person zur bunten Vielfalt des Lebens bei. Freude und Schmerzen, Erfolge und Scheitern, Kraft und Schwäche – Gegensätze bestehen nebeneinander, sie fordern unsere Offenheit. Was das Universum uns schickt, können wir annehmen und es zu unserem ganz persönlichen Leben machen.

Wir lassen uns bewusst auf die Begegnungen mit der Welt ein und treffen unsere Entscheidung, wo und wie wir im Leben stehen wollen.

Das Universum schickt mir, was ich brauche.

Ich bin achtsam in jedem Augenblick.

Ich bin offen.

Ich erkenne mich an für das, was ich tue.

Die Gegensätze des Lebens inspirieren mich.

Ich bin im Einklang mit der Natur.

Ich finde große Freude in kleinen Ereignissen.

Ich tue das gerne, was ich tun muss.

Ich spüre meine Kraft täglich neu.

Das Leben ist schön.

Das Universum schickt mir, was ich brauche.

Spinnennetz
Stuarts Lake, South West Port Mouton, Nova Scotia, Kanada

Die Feuchtigkeit der Morgendämmerung hängt zwischen Büschen und Ästen. Auf Gräsern und im Schilf finden Spinnen reichlich Platz, ihre Netze zu knüpfen. Geheimnisvollerweise lieben sie die morgendliche Feuchtigkeit und den Schutz des Nebels. Tausende von Spinnennetzen sind zu sehen. Nach dem Sonnenaufgang verschwinden alle Netze so geheimnisvoll, wie sie über Nacht entstanden sind.

Die Natur sorgt dafür, dass die Spinnen ihre Netze weben können

und dass sich Nahrung darin verfängt.

Nacht und Nebel bieten den notwendigen Schutz für die Aktivitäten.

Es ist für alles gesorgt.

Das Universum sorgt auch für mich. Ich bin ausgestattet mit

Intuition, Sinnen, Denkvermögen und einem Körper,

mit dem ich in der Welt aktiv sein kann.

Ich bin dankbar für alles, was mir zuteil wird.

Es macht meine Erfahrungen und damit mein Leben aus.

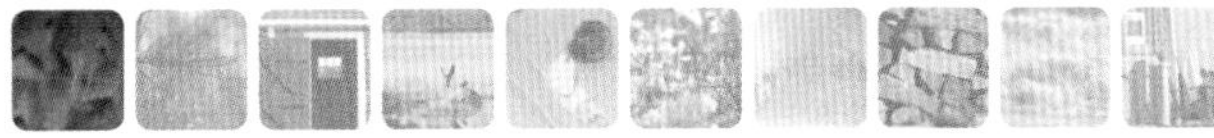

Das Universum schickt mir, was ich brauche.

Eine wunderbare Vorstellung!

Einfach nur wie die Spinne ein Netz weben. Das Netz ist meine Welt. Es ist meine Bereitschaft, Dinge aufzufangen und anzunehmen, sie zu assimilieren und dabei zu wachsen. Was in meinem Netz hängen bleibt, sind Begegnungen und Ereignisse, die ich wahrnehme, weil sie etwas in meiner Welt anstoßen oder bewegen.

- Ich denke diese Affirmation oft in Situationen, in denen ich eine Aufgabe nicht lösen oder ein Problem nicht bewältigen kann. Der Satz hilft mir loszulassen und abzuwarten, bis mich eine Lösung erreicht. Das kann ein neuer Gedanke sein, ein Impuls oder ein Hinweis von außen. Oder auch die Hilfe anderer Menschen. Es geschieht etwas, mit dem ich nicht rechnen konnte, das mir aber im richtigen Augenblick begegnet. Darauf vertraue ich.
- Manchmal wünsche ich mir etwas, möchte etwas verwirklichen, jedoch ohne zu wissen, wie ich es möglich machen kann. Die Mittel dazu habe ich noch nicht und sehe daher auch noch nicht den Weg, der mich zu meinem Ziel hinführen könnte. Ich weiß, dass ich zuerst denken muss, was in meiner Welt möglich werden soll. Das ist der erste Schritt. Ich ziehe also in Betracht, dass sich in „meinem Netz" verfangen kann, was bisher nur außerhalb meiner Welt existiert. Ich vertraue darauf, dass das Richtige geschehen wird. Durch meine Gedanken mache ich etwas möglich und nutze das Gesetz der Anziehung: Was ich aussende, kehrt zu mir zurück. Das Universum wird mir schicken, was ich brauche - ich bin bereit, es zu sehen und in meine Welt hineinzulassen.
- In anderen Situationen kann mir diese Affirmation tröstlich sein. Bemerke ich eine Bedrohung oder etwas, das Schaden anrichten kann oder mir Angst macht, ist meine erste Reaktion Abwehr oder Rückzug. Mir wird deutlich: Ich will nicht haben, was passiert! Es nützt natürlich wenig, etwas nicht zu wollen! Es kostet nur Kraft, ändert aber nichts an den Tatsachen selbst.

Das Universum schickt mir, was ich brauche.

Was mir begegnet, so denke ich, mag zu irgendetwas nützlich sein. Zumindest kann ich etwas daraus lernen. Kann ich diese veränderte Einstellung zum Geschehen einnehmen, spüre ich bald schon wieder Mut und betrachte die Ereignisse mit anderen Augen. Abwehr und Kampf sind nicht mehr nötig. Der Rückzug fühlt sich nicht mehr so verzweifelt und ängstlich an, wenn es mir gelingt zu erkennen, dass ich im Annehmen etwas hinzugewinnen kann. Ich fühle mich stärker, weil ich nicht mehr *Opfer* bin, sondern zum *Täter* werde in einem positiven Sinne: Ich werde aktiv, ich tue etwas, ich nehme die Herausforderung an.

Loslassen.
Neue Welten denken.
Auch Ungeliebtes annehmen.
Dem Leben Vertrauen schenken.

Ich bin achtsam in jedem Augenblick.

Tropfen an Kiefernnadeln
Irgendwo im Wald, South West Port Mouton,
Nova Scotia, Kanada

Ein sommerlicher Regenschauer erfrischt Erde und Pflanzen. Wasser sammelt sich überall. An jeder einzelnen Kiefernnadel haben sich Tropfen gebildet. Kurz bevor ein Tropfen herunterfällt, leuchtet er noch einmal satt im Sonnenlicht.

Einzelne Wassertropfen hängen wie Perlen an den Kiefernnadeln.

Für den Bruchteil einer Sekunde werden sie zu diesem glitzernden Etwas.

Schönheit und Bezauberung der Lichtspiegelung

sind nur für einen kurzen Augenblick wahrzunehmen –

für achtsame Betrachter.

Ich bin achtsam in jedem Augenblick.

Achtsamkeit im Augenblick öffnet eine Verbindungstür zur Ewigkeit.

Ein Augenblick scheint zeitlos zu sein - nicht wirklich greifbar. Will ich ihn fassen, ist er schon vorbei und der nächste Augenblick hat bereits begonnen. Eine Aneinanderreihung von Augenblicken - das ganze Leben und darüber hinaus, eine Ewigkeit.

Und doch erleben wir im gegenwärtigen, kurzen und flüchtigen Augenblick unsere Wirklichkeit. Was wir JETZT spüren, das ist wahr. Im nächsten Moment mag es bereits Vergangenheit sein, und Zukunft ist nicht mehr, als eine Vorstellung unserer Wirklichkeit im nächsten Augenblick. Aber was wir achtsam JETZT wahrnehmen, das ist Gegenwart.

Achtsamkeit ist Lebensprogramm, Aufgabe und Weg zugleich, vor allem in östlichen Lebensphilosophien. Dieses Denken gewinnt zunehmend auch im Westen Einfluss. Daran angelehnt, spricht diese Affirmation von der Achtsamkeit dem Augenblick gegenüber. Sie ist ein Appell an uns selbst, den gegenwärtigen Moment bewusst zu erleben. Wir schärfen damit unser Bewusstsein, ganz bei dem zu bleiben, was wir tun.

Ich mache etwas mit meinen Händen, fasse etwas an.
Ich spüre das Material, seine Beschaffenheit, Wärme und Kälte, Struktur.
Ich nehme weitere Einzelheiten meiner Arbeit wahr.
Meine Gedanken sind fokussiert, meine Sinne sind aufnahmebereit.
Ich sehe und bemerke achtsam, was ich tue.
Mein Handeln, Denken und Fühlen wird mir bewusst.
Ich behalte meine Entscheidungsfreiheit - in jedem Augenblick.

Wir können unser Bewusstsein immer nur auf eine Sache richten: vom Gedanken zum Gefühl zum Verstand zur Entscheidung zum Handeln. Ein in sich verwobener Prozess, der in uns geschieht und an dem wir aktiv teilhaben. Die Erfahrungen der Vergangenheit helfen uns, bewusst unsere Zukunft zu gestalten. Was wir in der Gegenwart denken und tun ist entscheidend.

Achtsam im Augenblick zu sein, ist schwer zu erreichen, denn Gedanken haben die Tendenz abzuschweifen. Aufmerksamkeit wird abgelenkt und Gedanken führen manchmal ein Eigenleben: Sie schwelgen in Erinnerungen, die uns gefangen halten; oder sie träumen von einer Zukunft, die uns bunter und besser vorkommt. Bemerken wir es nicht, verlieren wir den Kontakt zum gegenwärtigen Augenblick. Wir spüren nicht mehr das gegenwärtig Wirkliche.

Einladung, sich zu spüren:

Übung 1

Bemerken Sie JETZT Ihre Gedanken. Kehren Sie achtsam zurück zum Augenblick.

Fühlen Sie die Seite, die Sie gerade anfassen, fühlen Sie ihre Oberfläche.

Was fühlen Sie mit Ihren Fingern?

Bemerken Sie vielleicht Gedanken, die Ihr Gefühl begleiten?

Können Sie gleichzeitig fühlen und denken?

Übung 2

Werden Sie sich des Ortes bewusst, an dem Sie sitzen.

Nehmen Sie sich einen Augenblick Zeit sich umzusehen, als wären Sie zum ersten Mal hier. Was gefällt Ihnen hier?

Was macht Ihren Augenblick jetzt angenehm? Oder unangenehm?

Wollen sie etwas ändern oder alles so belassen?

Die Intimität eines Augenblicks ist nur von kurzer Dauer. Sind wir bereit und offen, den Augenblick achtsam zu leben und uns darin zu spüren, begegnen wir uns selbst.

Ich bin offen.

Perspektive einer Fischerhütte
Vogeler's Cove, Nova Scotia, Kanada

Entlang der 7600 Kilometer langen Küste Neuschottlands gibt es eine Vielzahl kleiner Häfen und Bootsanlegestellen. Unzählige kleine Hütten beherbergen die notwendigen Utensilien der Fischer. Insbesondere der Hummerfang ist hier die Haupteinnahmequelle der Fischindustrie.

Die Fischerhütte auf dem Bild muss neu sein, denn sie ist noch leer, riecht noch nicht nach Meer und Hafen, trägt noch keine Spuren des Gebrauchs. Die Tür steht offen.

So einfach wie die Hütten gebaut sind, so einfach sind auch
die Menschen in Nova Scotia „gestrickt".
Nicht nur Türen stehen offen, auch die Menschen begegnen mir in einer Offenheit,
die freundlich und einladend ist.
Ein Mensch, der uns in ehrlicher Offenheit begegnet,
verbreitet Wärme und Freundlichkeit.
Wir gehen mit dieser Ausstrahlung in Resonanz, und in einem Feld der Offenheit
sind unerwartete Begegnungen möglich.

Ich bin offen.

Sind *Sie* ein offener Mensch?

Offenheit hat mit Vertrauen zu tun.
Sie öffnen bewusst Ihre Tür. Sie signalisieren damit Ihre Bereitschaft, auf andere zuzugehen, zuzuhören und hinzuhören - Vertrauen anzunehmen und zu verschenken. Andere Menschen fühlen sich eingeladen, hereinzukommen.

Offenheit hat mit Mut zu tun.
Offene Menschen haben den Mut, sich auf Neues einzulassen. Sie sind neugierig, auf sich selbst und auf andere Menschen. Sie haben eine anziehende Ausstrahlung. In ihrer Nähe fühlen wir uns gut aufgehoben und ermutigt, Begegnung zu wagen.

Offenheit hat mit Austausch zu tun.
In einem offenen Haus und einem offenen Herzen kann Austausch stattfinden.
Sich auszutauschen heißt, am Leben teilzunehmen. Wir stehen in Kontakt mit anderen und sind bereit zu geben und zu nehmen. Austausch ist inspirierende Bereicherung des Lebens.

Offenheit hat mit Lebendigkeit zu tun.
Im Austausch miteinander steckt Lebendigkeit. Es ist anregend und vielleicht sogar ein wenig berauschend, sich voll und ganz lebendig zu fühlen, voll da zu sein, im Kontakt mit der Welt und mit anderen. Wir reagieren nicht festgefahren und unbeweglich auf veränderte Umstände, sondern kreativ und anpassungsfähig. Offenheit hilft uns, auf neue Erfordernisse des Lebens erfinderisch und phantasievoll zu antworten.

„Es gibt eine schöne Offenheit, die sich öffnet wie eine Blume: Nur um zu duften."
(Friedrich Schlegel, 1772-1829, deutscher Philosoph)

Die Welt wird immer kleiner, Menschen auf der ganzen Welt werden immer abhängiger voneinander. Medien berichten über Ereignisse und Schicksale aus der ganzen Welt, und immer mehr Menschen können Reisen in ferne, fremde Länder unternehmen, um sich ein eigenes Bild zu machen. Weltweit wird Offenheit anderen Menschen und Kulturen gegenüber zu einer wichtigen Lebensvoraussetzung: Begegnungen ermöglichen Verständnis und können so zur Basis für ein friedliches Zusammenleben werden.

Vertrauen - Mut - Austausch - Lebendigkeit. Wir nähren den Boden, auf dem wir stehen.

Ich erkenne mich an für das, was ich tue.

Weißkopf-Seeadler mit Beute
Stuarts Lake, South West Port Mouton, Nova Scotia, Kanada

Das Weißkopf-Seeadler Paar nistet in der Nähe des Sees. Die Adler sind monogam, sie kehren jedes Jahr zu ihrem Nest zurück, um dort den Nachwuchs aufzuziehen.

Auf dem Bild hat einer der beiden die gerade gefangene Beute noch zwischen den Fängen. Der zweite Adler wird sich gleich mit in die Lüfte schwingen, um mit dem Partner und vielleicht dem Nachwuchs die Mahlzeit zu teilen.

Wir Menschen bewundern den Adler für seine Fähigkeiten: Sein Auge ist unvergleichlich scharf; aus dem Sturzflug gelingt es ihm, seine Beute zu fangen; er kann fast ohne Flügelschlag am Himmel schweben. Er ist elegant und erhaben.

Adler wollen nicht etwas Anderes sein. Sie tun das, was in ihrer Natur liegt.

Wäre es nicht erleichternd, auch so sein zu können?

– Zu akzeptieren, was in unserer Natur liegt.

– Anzuerkennen, was im Rahmen unserer Möglichkeiten ist (oder auch nicht).

– Etwas zu lassen oder zu tun mit einfacher Selbstverständlichkeit.

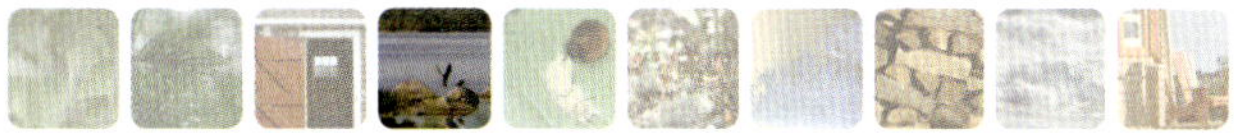

Ich erkenne mich an für das, was ich tue.

Einladung zu einer Übung:

Teil 1

Nehmen Sie einen Zettel zur Hand und schreiben Sie Ihren Vornamen von oben nach unten. - Sie haben jetzt in jeder Zeile einen Buchstaben stehen? Gut.

Die Aufgabe

Lenken Sie Ihre Gedanken auf Eigenschaften, die Sie schätzen.

Lenken Sie Ihre Gedanken zu Träumen und Zielen.

Fühlen Sie sich für einen Moment in diese innere, positive Welt ein.

Lassen Sie sich eine oder zwei Minuten Zeit dazu.

Ergänzen Sie danach spontan jeden Anfangsbuchstaben zu einem vollständigen Wort, das im Zusammenhang mit Ihren vorherigen Gedanken steht.

Selbstachtung ist eine der wichtigsten Voraussetzungen für ein zufriedenes Leben. Achtung bringt Respekt zum Ausdruck. Wir entwickeln Verständnis für uns selbst und kommen in Kontakt mit unserer Würde - als Lebewesen, als denkende und fühlende Menschen, die Verantwortung übernehmen, als handelnde, reale Personen. Mit Selbstrespekt und Würde können wir sagen: „Ich erkenne mich an für das, was ich tue."

Diese innere Haltung unterstützt uns, immer selbstbewusster unseren Platz in der Gesellschaft auszufüllen. Sich mit Achtung und Respekt zu begegnen heißt nicht, selbstgefällig zu sein, sondern schließt Selbstkritik mit ein. Jeder macht Fehler und keiner ist perfekt, das wissen wir. Erkennen wir also unsere Grenzen an; erkennen wir auch das an, was wir *nicht* tun, was wir *nicht* können oder *nicht* wagen. Selbstachtung schließt diese Grenzen mit ein, damit Selbstkritik nicht vernichtend wird, sondern zu konstruktiver Weiterentwicklung führt.

Ganz unspektakulär und unbescheiden dürfen wir uns selbst und unseren Beitrag in der Familie, am Arbeitsplatz, im Freundeskreis, in der Gesellschaft und in der Welt anerkennen. Wir dürfen uns selbst würdigen für das, was wir tun, und für das, was wir anderen überlassen; für das, was wir erreichen, und für das, was wir *nicht* erreichen; für das, was wir aus der Erfahrung lernen, und für das, was wir weiter damit anfangen.

Achten wir uns selbst, können wir auch andere achten und respektieren. Achtsam und offen begegnen wir dem Leben und allem, was es für uns bereit hält. Finden Sie nicht auch, dass so viel Lebensmut Anerkennung verdient?

Einladung zu einer Übung:

Teil 2

Lesen Sie jetzt die Worte, mit denen Sie die Anfangsbuchstaben Ihres Namens ergänzt haben.

Sie schauen in einen Spiegel: Das sind Sie!

Wie finden Sie sich in jeder Eigenschaft, in jedem Wort wieder?
Schreiben Sie zu jedem Wort einen Satz mit einer positiven Ich-Aussage.

Die Gegensätze des Lebens inspirieren mich.

Zwei Raupen
South West Port Mouton, Nova Scotia, Kanada

Zwei Raupen kriechen vorwärts. Suchend, tastend, manchmal die Richtung wechselnd, bewegen sie sich vorwärts und wieder zurück. Jede Raupe, die weiße und die braune, ist eine Besonderheit. Ob sie sich gegenseitig wahrnehmen? Auf einem Blatt kommt es zu einer „Begegnung".

Die beiden scheinen kurz innezuhalten.

Die Gegensätzlichkeit der beiden Raupen zieht sofort

meine Aufmerksamkeit auf sich. Wie schön jede in ihrer Eigenheit aussieht!

Varianten des Einfallsreichtums der Natur.

Jede bereichert auf ihre Weise die Welt.

In der Bereicherung liegt Fülle. Alle Formen sind denkbar.

Mehr als wir ahnen ist möglich.

Ich empfinde Vielfalt und Gleich-Gültigkeit der Natur

als ungemein inspirierend.

Die Gegensätze des Lebens inspirieren mich.

Variatio delectat. Abwechslung macht Freude.

Unterschiedlichkeit und Vielheit kennzeichnen das Leben. In der Abwechslung findet sich Reichtum. Gegensätzlichkeiten und Ähnlichkeiten ergänzen sich. Wir fügen sie in unserem Denken zu einem Ganzen zusammen: zum Leben in einer Welt, in der sämtliche Erscheinungsformen nebeneinander existieren.

Die Welt fordert uns damit heraus.
Wie sollen wir verstehen, warum eine Raupe braun ist und eine andere weiß? Hat das eine Bedeutung oder ist es nur eine Laune der Natur?
Wie sollen wir verstehen, warum einem Menschen unsere Sympathie zufließt, während ein anderer uns abstößt, noch ehe wir nur ein Wort gewechselt haben?
Wie sollen wir verstehen, warum die Welt so widersprüchlich ist wie sie ist: extrem liebevoll einerseits und extrem mörderisch andererseits?

Unversöhnliche Gegensätze gehören zur Welt und zu unserem Leben. Manche können wir gut akzeptieren, andere verstehen wir einfach nicht. Sie bestehen nebeneinander:
Ego und Alter Ego. Traum und Realität. Selbstsicherheit und Selbstzweifel. Angst und Mut. Abenteuerlust und Sicherheitsbedürfnis. Sympathie und Antipathie. Begeisterung und Verzweiflung. Aktivität und Ruhe. - Welche Gegensätze spielen in Ihrem Leben eine Rolle?

„Anderes" - Fremdes, Neues, Ungewohntes - mag unseren Widerspruch erregen oder Ängste wecken. Wir mögen dieses Fremde gelegentlich als Kränkung oder Herabsetzung unserer eigenen Ideen und Weltanschauungen empfinden und glauben, Partei ergreifen zu müssen. Aber immer bleibt das Gegensätzliche in der Welt. Wir schaffen es nicht ab, wir beziehen uns nur unterschiedlich darauf, und es wirkt weiter.

- Inspiration kann darin liegen, dem Anderen - dem Gegensätzlichen - Respekt zu zollen und es zu sehen.
- Inspiration kann darin liegen, aus der Vielheit Ideen zu entwickeln und sie ins eigene Leben hinein wirken zu lassen.
- Inspiration kann darin liegen, aus der Unterschiedlichkeit der Erscheinungen etwas Eigenes zu kreieren - und damit dem Leben eine weitere, bereichernde Variation hinzuzufügen.

Ich bin im Einklang mit der Natur.

Flechte, kleinwüchsige Pflanzen
South West Port Mouton, Nova Scotia, Kanada

Die Vegetation in Nova Scotia ist überwiegend unberührt. Sie ist wild, üppig, sich selbst überlassen und kann ihrer eigenen Ordnung folgen. Der Frühling kommt spät, erst im Juni wird alles grün. Sonnenstrahlen dringen durch jedes Dickicht, auch in versteckte Winkel, und regen neues Leben an.

Die zarten roten Blättchen, die auf dem Bild zu sehen sind, werden schnell wachsen.

Die Zeit des Frühlings verbindet mich in besonderer Weise mit der Natur.

Nach dem Rückzug im Winter, drängt es mich wieder hinaus.

Ich will Sonne tanken und Lebendigkeit einfangen.

In der Natur fühle ich mich gut aufgehoben.

Die Stimmung neu erwachenden Wachstums geht einher mit meiner Lust,

Sonne und Wind auf meiner Haut und mich selbst zu spüren.

Ich fühle mich im Einklang mit der Natur.

Ich bin im Einklang mit der Natur.

In der Natur wird etwas Besonderes in uns lebendig. In weiten Landschaften und unter beeindruckenden Berggipfeln wird der Mensch klein. Die Ausdehnung des Himmels lässt uns die Unendlichkeit des Kosmos erahnen. Ozeane und tiefe Seen rühren an archaische Gefühle. Etwas geschieht mit uns, wenn wir uns auf die Stille einlassen, in der die Natur mit uns spricht – in der sie auf unerklärliche Weise mit unserer Seele Kontakt aufnimmt.

Wie verbinden wir uns innerlich mit der Natur?

Wer sich gerne in der Natur aufhält, hat möglicherweise eine Ahnung davon wie es sich anfühlt, mit der Natur im Einklang zu sein. Das lässt sich schwer in Worte fassen. Es ist eine mystische Verbindung auf einer Ebene, die keine Worte hat.

Ist es die Einfachheit des Da-Seins? Keine Erwartung. Keine Aufgabe. Nur SEIN, was man ist. Ob Blume, Stern, Fliege, Regen, Grashalm, Wolke, Blatt, Fluss oder Baum – jede Erscheinungsform hat ihren Platz im Kreislauf von Werden – Wachsen – Vergehen, im kleinen wie im großen Zusammenhang. Alles ist kraft seiner Natur in der Lage, seinen jeweiligen Platz auszufüllen.

Auch der Mensch ist Teil dieses natürlichen Rhythmus, in dem der Sinn des Lebens weder zu benennen noch zu bewerten ist. Jenseits von Verstehen und Begreifen öffnet sich eine Tür zu einem befreienden Gefühl inneren Friedens, zu Dankbarkeit und Demut, zu altem, tieferem Wissen. Die Natur schafft – so scheint es – einen Zugang zur eigenen Seele.

Die Affirmation erdet mich. Von der Natur getragen und in ihr verwurzelt, kann ich mich fallen lassen und fühle Verbindung zu einem Hintergrund, aus dem auch ich komme. Ich kann getrost loslassen, mich auf *meine* Natur verlassen, das Leben geschehen lassen.

„Ein guter Anfang,
über die Natur nachzudenken:
… sprich mit ihr,
sprich mit den Flüssen,
den Seen, den Winden,
wie mit Verwandten."
(John Lame Deer, 1903-1976, Lakota Medizinmann)

Ich finde große Freude in kleinen Ereignissen.

Eisblume
South West Port Mouton, Nova Scotia, Kanada

Im Winter breitet sich gegen Morgen langsam eine eisige Kälte im Haus aus. Der Holzofen ist erloschen, Kälte und Feuchtigkeit kriechen durch die Ritzen des Hauses herein. Es kommt vor, dass sich am Fenster Eisblumen bilden.

Blumen mitten im Winter!

Bescheiden und verborgen in einer Ecke des Fensters

haben sich Eisblumen entwickelt.

Ich freue mich an dem Kunstwerk,

erschaffen von dem bekannten Künstler „Winter“.

Er ist ein Meister vergänglicher Kunst.

Die kleinen Eisblumen haben mir früh am Tag große Freude geschenkt.

Ich bewahre sie in meiner Erinnerung.

Ich finde große Freude in kleinen Ereignissen.

Der Winter hat eine Eisblume ans Fenster gemalt. Das Kunstwerk, entstanden einzig aus Wasser und Kälte, bewundere ich umso mehr, als kein Mensch so etwas hätte zaubern können. Ich habe meine stille Freude daran.

> Ich erinnere mich an meine Kindheit. Meine Schwester, mein Bruder und ich saßen am Fenster. Schon damals regten die Eisblumen unsere Fantasie an. Dick eingewickelt in unsere Decken, entführten wir uns gegenseitig in eine Welt von Blüten und Blumen und Sonne... mitten im Winter.

Kinderaugen sehen die Welt anders. Da ist so vieles spannend, aufregend und neu. Erlauben wir uns als Erwachsene, die Welt mit Kinderaugen zu sehen, können wir wieder Neugierde spüren und ins Staunen geraten. Kleinigkeiten können plötzlich überwältigend sein, Ehrfurcht einflößend, inspirierend schön oder bizarr. Um uns herum gibt es ungeahnt viele Dinge, an denen wir uns freuen können.

Kinder haben kein vorgefertigtes Urteil über ihre Umgebung. Sie sind offen für Neues und sehen in allem ein Spiel - in einem positiven Sinne. Sie entdecken Kleinigkeiten, die uns Erwachsenen oftmals entgehen.

Liegt es daran, dass wir glauben, schon alles zu kennen?
Doch selbst in Dingen, die uns lange bekannt sind, gibt es immer wieder Interessantes zu finden. Verändern wir unseren Blickwinkel und geben eingefahrene Denkmuster auf, lernen wir unsere Welt neu kennen. Das hält uns beweglich, wir sind aufmerksamer und respektvoller, wir öffnen uns dafür, auch kleine Dinge zu würdigen. Wir begegnen dem Leben mit Neugierde. Das weckt Lebenslust. Öffnen wir die Augen und lassen wir uns berühren und begeistern von Details - auch den kleinen. Bekanntlich machen sie das Leben erst schön.

Einladung:

Ich lade Sie ein, JETZT Ihren Blickwinkel zu verändern:

Betrachten Sie die Welt wie durch Kinderaugen.

Neugierig.

Sehen Sie sich im Zimmer um.

Spielerisch.

Entdecken Sie etwas, das Ihr Interesse weckt.

Phantasievoll.

Lassen Sie sich von kindlicher Freude ergreifen.

Positiv.

Eine Eisblume am Fenster schenkt stille Freude. Spürbar.

Ich tue das gerne, was ich tun muss.

Holzstapel
South West Port Mouton, Nova Scotia, Kanada

Vom Baum zum Holzstapel ist es ein weiter Weg. Auf dem Bild sieht man nichts mehr von der Arbeit, nur noch das Ergebnis, wie die einzelnen Stücke aufgeschichtet sind: eine Reihe von vorne nach hinten, die nächste von links nach rechts, damit das Ganze einen Halt hat. Nun kann das Holz in der Luft trocknen, und im Winter werden wir es im Ofen verbrennen, damit es uns und das Haus wärmt.

Für uns ist es eine lebensnotwendige Arbeit, uns mit Holz zu versorgen.

Obwohl diese Arbeit anstrengend und ermüdend ist, müssen wir sie tun,

wenn wir das Haus im Winter warm haben möchten.

Welch ein Glück, dass diese harte Arbeit Spaß macht!

Ich erkenne, dass es nicht das Tun selbst, sondern die Einstellung ist,

die mir die Freude bei der Arbeit vermittelt.

Ich tue das gerne, was ich tun muss.

Dieser Satz ist eine praktische Hilfestellung im Alltag.

- Er hilft dabei, die Arbeit schnell und konzentriert zu erledigen.
- Er zentriert uns bei dem, was wir tun.
- Er entlastet.
- Er verbreitet eine angenehme Stimmung.

Normalerweise ist etwas mit dem Beigeschmack, es tun zu „müssen", schon aus diesem Grunde nicht angenehm. Aus eigener Erfahrung weiß ich, wie sich ablehnende Gedanken in Kopf und Herz schleichen können, wenn ich Dinge tun m u s s. „Ich mag das nicht tun. - Das macht doch gar keinen Spaß. - Hätte ich das nur schon hinter mir ..."

Negative Gedanken markieren häufig den Anfang einer Abwärtsspirale, die wir stoppen können, sobald wir sie bemerken. „Halt!", können wir zu uns selbst sagen, „Schluss mit den negativen Gedanken". Damit unterbrechen wir die Spirale, und das ist bereits ein kleiner Sieg. Dann stellen wir uns anders auf eine Sache ein. Zum Beispiel muntern wir uns selbst auf durch den positiven Gedanken, dass wir zwar etwas Ungeliebtes tun, das aber dennoch notwendig und nützlich ist. Es ist deshalb das Richtige, weil wir auf irgendeine Weise davon profitieren - und es ist sehr hilfreich, sich das im Einzelnen bewusst zu machen. Warum sollen wir nicht aufwerten, was wir tun?

Ein anderer, veränderter Zugang zu seinen Pflichten kann im Spüren liegen. Statt uns mit ablehnenden Gedanken zu beschäftigen, konzentrieren wir uns auf das, was wir tun: Gehen wir aufmerksam mit den Menschen um, mit denen wir zu tun haben; nehmen wir uns achtsam selbst wahr; beachten wir aufmerksamer unsere Bewegungen; nehmen wir Berührungen bewusster wahr; beachten wir den Rhythmus unseres Tuns; beobachten wir unseren Atem. - Im Spüren sind wir ganz präsent. Was wir tun *müssen* tritt in den Hintergrund.

Achtsames Tun und ein positiver Denkansatz verändern Atmosphäre und Ausstrahlung - es schwingt etwas Angenehmes mit und wir fühlen uns deutlich wohler. Gerne zu tun, was wir doch sowieso tun müssen, ist eine Entscheidung, die wir für uns selbst treffen.

Ich spüre meine Kraft täglich neu.

Tosende Wellen
White Point, Summerville, Nova Scotia, Kanada

Ein heftiger Sturm ist über den Atlantik von Süden nach Norden gezogen. Mit etwa 140 Stundenkilometern rauschte er über Nova Scotia hinweg. Noch am nächsten Tag brechen sich an der Küste in White Point die aufgewühlten Wellen des Meeres.

Wasser ist Leben.

Es bewegt sich, es bricht sich, es kommt in gewaltigen Wellen,

zieht sich zurück, kehrt kraftvoll wieder.

Mir geht es mit meinen inneren Kräften ähnlich.

Manchmal fühlen sie sich gewaltig an,

ein anderes Mal kann ich meine Kräfte kaum in mir finden.

Wie das Wasser einem Rhythmus folgt,

so spüre ich auch das Pendeln meiner inneren Kräfte.

Sie sind täglich immer wieder neu für mich da.

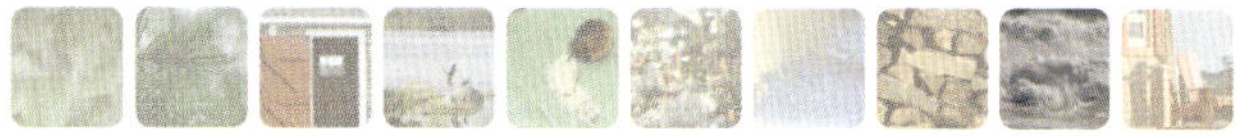

Ich spüre meine Kraft täglich neu.

Spüren *SIE* Ihre Kraft täglich neu?

Vermutlich tun Sie das nicht. Vermutlich geht es Ihnen wie vielen anderen Menschen auch: Es gibt Tage, an denen wir uns einfach kraftlos fühlen. Häufig leben wir erschöpft unseren Alltag, funktionieren einfach nur. Von Kraft keine Spur. Wir haben vergessen, wie sich das anfühlt.

Wie kommen wir mit unseren inneren Kräften wieder in Kontakt, wenn Kraftreserven weitgehend aufgebraucht sind?

Es gibt ein paar allgemeingültige Regeln, die wir beachten können:

- Sport oder Bewegung an der frischen Luft (tiefes Atmen) regeneriert den Körper.
- Gesunde Ernährung und reichlich Wasser geben dem Körper, was er braucht.
- Möglichkeiten zur Entspannung zu nutzen, erholt Körper und Geist.
- Verankerung in ethischen Grundsätzen stärkt seelisches Gleichgewicht.
- Affirmationen anwenden fördert eine positive Lebenseinstellung.

Ganz individuell wird sich jeder - bewusst oder unbewusst - Zugang zu diesen und weiteren, ganz persönlichen Kraftquellen erschließen.

Welche Gewohnheiten haben Sie entwickelt?
Was stärkt Sie?
Wobei erholen Sie sich?

Positives Denken, eine vertrauensvoll akzeptierende Haltung der Welt und dem Leben gegenüber, kann zu einer täglichen Kraftquelle werden, mit der wir uns selbst unterstützen. Affirmationen sind ein kleines Steinchen in dem großen Mosaik. Die Affirmation „Ich spüre meine Kraft täglich neu." kann Sie an Ihre Reserven erinnern und Sie immer wieder neu damit in Kontakt bringen. Wird der Satz mit Nachdruck und einer entsprechenden Körperhaltung ausgesprochen, wirkt er bereits energetisierend.

Einladung zu einer Körpererfahrung:

Stehen Sie auf, machen Sie sich groß, stehen Sie fest auf beiden Füßen.

Nehmen Sie eine Haltung ein, die sich kraftvoll für Sie anfühlt.

Stellen Sie sich innerlich ein Bild vor, das Sie mit Kraft verbinden.

Sprechen Sie die Worte laut aus: „Ich spüre meine Kraft!"

Beobachten Sie Ihre Körperimpulse.

Möchten Sie Ihre Haltung verändern? Sich bewegen?

Nehmen Sie Ihren Körper und Ihr Gefühl bewusst wahr.

Spüren Sie Ihre innere Kraft.

Nach dem Beenden dieser kleinen Übung behält Ihr Körper einen Gesamteindruck zurück: Worte, inneres Bild und Körpergefühl bleiben insgesamt im Gewahrsein und werden als eine Erfahrung gespeichert. Wiederholen Sie diese Erfahrung öfter für sich, können Sie später immer wieder darauf zurückgreifen.

Bewusstes, positives Denken ist eine Kraftquelle, die jedem Menschen zur Verfügung steht: Wir können uns entscheiden, den Blick auf unsere Stärken zu richten und eine positive Sichtweise des Lebens zuzulassen. Damit verschaffen wir uns Zugang zu einer Quelle enormer innerer Kraft. Affirmationen machen stark – aus eigener Kraft.

Das Leben ist schön.

Ansicht zweier Stühle vor einem Haus
Havre-Aubert, Magdalenen-Inseln, St. Lorenz-Golf, Québec, Kanada

Das Sonnenlicht bringt alle Farben zum Strahlen. Die Magdalenen-Inseln haben viele Farben. Da ist nicht nur das Grün der Hügel, das Blau des Himmels, das Türkisblau des Meeres - auch die Inselbewohner haben ihre Häuser in knall-bunten Farben angestrichen: gelb, pink, lila, grün, dunkelblau. Die ganze Palette ist vertreten, auch die dezenteren Farben wie dunkel- und hellrot, hellblau, weiß oder auch ocker und gedecktes gelb. Durch die vielen Farbschattierungen wirkt alles auf der Insel noch freundlicher und sehr einladend.

Die warmen Farben der Stühle und des Hauses

auf dem Bild leuchten in der Sonne.

Sie sprechen mich an, ziehen meinen Blick magisch auf sich.

Die beiden Adirondeck-Liegestühle laden zum Ausruhen ein.

In Gedanken liege ich schon auf dem Stuhl und genieße die Sonnenstrahlen …

Mehr wünsche ich mir nicht.

An einem solchen Tag ist das Leben einfach nur schön.

Das Leben ist schön.

Begeisterung und Lebenslust finden Ausdruck: Das Leben ist schön!

Ein Lebensgefühl kommt aus uns selbst. Geht es uns gut, möchten wir die Welt umarmen.

Ein Bekannter von mir antwortet auf die Begrüßungsfrage danach, wie es ihm gehe, mit dem Satz: „Manchmal gut." Als ich das zum ersten Mal hörte, fand ich es erheiternd. Statt der erwarteten Antwort („Es geht gut") wurde ich mit einer tieferen Wahrheit konfrontiert.

Eigentlich wissen wir, dass das Leben nicht *immer* schön sein kann und dass es einem nicht nur gut gehen kann. Wir kennen beides: Manchmal liegt uns der Gedanke, das Leben sei schön, einfach fern; aber ein anderes Mal geht es uns sehr gut - und dann ist das Leben schön.

Diese Affirmation erinnert daran, den schönen Momenten des Lebens mehr Aufmerksamkeit zu schenken. Sie ermuntert, das Angenehme und Schöne aus der Vielzahl der möglichen Eindrücke herauszufiltern - gerade dann, wenn es uns auf einer anderen Ebene vielleicht schlecht geht. Es kommt darauf an, das Schöne sehen zu wollen, es an uns heran und in unser Herz hineinzulassen. Es spüren und genießen zu wollen.

Was wir als angenehm und schön empfinden, kann eine Kleinigkeit, etwas Unbedeutendes und Alltägliches sein. Wie zum Beispiel der Ausschnitt auf dem Foto, das ich zu dieser Affirmation ausgesucht habe: Die ganze Szene strahlt insgesamt ansteckende Harmonie aus. Farben, Sonnenlicht, die einladenden Stühle, das Holzhaus - alles zusammen vermittelt ein Gefühl von Ruhe und Angekommen-Sein. Eine Atmosphäre wird sichtbar, die sich warm anfühlt. Ich finde, das ist einfach ein schönes Gefühl.

Das Leben ist schön.

Wir betrachten die Welt aus unserem Blickwinkel und schaffen uns selbst ein Stück Wirklichkeit. Manchmal setzen wir eine „rosa Brille" auf, ein anderes Mal sehen wir alles „schwarz". Wir verengen unseren Blick. Unsere An - Sicht ist gefiltert.

Aber Gegensätzlichkeiten schließen sich nicht aus: Wir können trauern und trotzdem über andere Dinge Freude empfinden. Neben Verzweiflung keimt auch immer Hoffnung. Unschönes und Schönes existieren nebeneinander.

Was wir sehen, suchen wir uns selbst aus.

Es ist gut zu wissen, dass wir beide Seiten des Lebens zulassen und auch in uns vereinbaren können.

Ich ziehe mich zurück.

Das Leben fließt von alleine.
Ich lasse es geschehen und vertraue.

Ich sitze auf meinen Fersen, die Fußrücken liegen flach auf dem Boden. Der Brustkorb ruht auf den Oberschenkeln. Die Stirn ist vor meinen Knien auf dem Boden abgelegt. Die Arme sind ausgestreckt über den Kopf, schulterbreit voneinander entfernt, die Unterarme ruhen auf der Erde.

Ich entspanne mich, lasse mich ganz fallen und spüre, wie die Erde mich trägt. Körper und Geist sind ganz präsent. Ich spreche den Satz und spüre der inneren Wirkung nach: „Ich ziehe mich zurück."

Unser Rhythmus folgt den Wellenbewegungen des Lebens. Auf und ab, Herausforderung und Rückzug, anspannen und loslassen. Nach jeder Anstrengung müssen wir neue Kraft schöpfen. In Atempausen kommen wir zur Ruhe, sammeln und entspannen uns. Wir brauchen Zeiten des Rückzugs, des Nichtstuns und des Nichtsmüssens. Körper, Seele und Geist erholen sich und finden ihr natürliches Gleichgewicht.

Es ist notwendig, Atempausen einzuplanen, damit wir in den heftigen Wellenbewegungen des Lebens nicht untergehen. Wir verlassen den Strom, ziehen uns vertrauensvoll zurück in ruhigere Gewässer. Der Fluss des Lebens fließt auch ohne uns weiter, er kennt seinen Weg. Wir akzeptieren alles Geschehen und lassen zu, innerlich ruhig zu werden.

Ich habe alle Zeit, die ich brauche.

Ich erkenne meine Ängste an.

Mein Ziel findet mich.

Es ist in Ordnung nicht zu wissen, wie es weiter geht.

Ich vertraue mich dem Fluss des Lebens an.

Die Welt ist mir wohlgesonnen.

Alles ist für etwas gut.

Ich bin ruhig und gelassen.

Ich finde mein Gleichgewicht stets neu.

Mein Leben ist friedvoll.

Ich habe alle Zeit, die ich brauche.

Idylle
Baccaro, Nova Scotia, Kanada

Zwei hellblaue Stühle, dazwischen eine Kiste, die als Tisch dient, arrangiert vor einem alten Ofen. Blick aufs Meer. Das hat jemand mit Sinn für das Traditionelle arrangiert, denn die landestypischen Accessoires - ein Paddel, die Hummerfalle und eine Boje - sind perfekte Ergänzungen der Idylle. Das ist unverwechselbar „Nova Scotian".

Die Szene auf dem Bild zeigt die Grundeinstellung der Menschen, die hier leben, auf eine Art und Weise, wie sie Worte nicht passender beschreiben könnten: In Nova Scotia haben die Menschen Zeit.

Die Zeit hat in Nova Scotia einen anderen Rhythmus

und einen anderen Stellenwert.

Diese Idylle des Arrangements am Meer verkörpert eine andere Welt.

Ich empfinde Ruhe, wenn ich das Bild betrachte.

Ich fühle mich eingeladen und angeregt, mich hinzusetzen.

Einfach nichts tun, auf das Meer schauen und die Zeit verstreichen lassen.

Was habe ich eigentlich zu verpassen?

Ich habe alle Zeit, die ich brauche.

Lasse ich mich auf diesen Satz ein, fühlt er sich richtig gut an: Er schenkt mir Gelassenheit. Ich spüre, es gibt keine Hektik, da ist kein Druck, den ich mir nicht selbst mache. Ich kann mir alle Zeit nehmen, die ich brauche, um meine Arbeit zu erledigen. Ich kann in Ruhe *mein Ding* zu Ende bringen.

Sie verfügen über die Zeit, die Sie sich für etwas nehmen. Sie dürfen sich zwischen intensiven Arbeitsphasen das Nichtstun gestatten.

Spüren Sie in sich hinein: Da ist der Raum und es gibt die Zeit Kraft zu schöpfen, sich zu erholen, sich zu regenerieren und negativem Stress zu entgehen.

Wenn dem wirklich so wäre ...

... ja, dann wären Sie nicht auf der Suche nach Affirmationen, die Ihnen bei der Bewältigung des täglichen Drucks helfen. Was ich hier beschrieben habe, ist eher wie eine kurze Fantasiereise, die Sie mit dieser Affirmation antreten können. Bild und Satz möchten Sie in eine Welt entführen, in der ausreichend Zeit ist für Arbeit und Verpflichtung, für Pausen und für Phasen der Erholung. Kommen Sie mit!

Hier ist Stille. - Ruhe. - Tauchen Sie ein, stellen Sie sich Ihre erholsame Welt genau vor - nur für eine Minute.

In einer Minute des Rückzugs liegt eine Quelle der Erneuerung. Alle Energien bleiben bei Ihnen. Sie müssen nichts abgeben und nichts aufnehmen. Sie sind mit sich und Ihrem inneren Erleben alleine. In der Konzentration auf den gegenwärtigen Moment und auf das, was Sie in diesem Moment erleben, lassen Sie alles andere los. Ihre Wirklichkeit reduziert sich auf den Augenblick. Nicht mehr und nicht weniger ist notwendig, als zu atmen und sich wahrzunehmen: Entspannung des Körpers, Beruhigung des Atems. Erlauben Sie Ihrem Geist, neutral und unangespannt zu sein. In diesem Augenblick nehmen Sie sich alle Zeit, die Sie brauchen.

Wenn Gedanken kommen reicht es, sie wahrzunehmen. Lassen Sie es nicht zu, dass die innere Stille des erholsamen, kurzen Moments durch laute Gedanken von „Ich muss..." oder „Ich kann doch nicht ..." gestört wird. Jetzt ist nicht deren Zeit. Schicken Sie die Gedanken weg, vielleicht zum Himmel, wo sie mit dem Wind und den Wolken weiterziehen dürfen. Kreative Lösungen, Einfälle und Geistesblitze kommen aus der Ruhe. „*Hetzende*" Gedanken verbreiten Druck, verstärken Blockaden und stehen sinnvollem Handeln im Weg.

Wir können ohnehin nur *eine* Sache in voller Konzentration erledigen. Wollen wir aber vieles auf einmal erledigen und schnell sein, geht das auf Kosten der Genauigkeit. Haben Sie diese Erfahrung nicht auch schon gemacht? Sind wir unachtsam und ungeduldig, ist unsere Arbeit fehleranfällig, wir benötigen mehr Zeit, um sie zu Ende zu führen. Die Arbeit geht dagegen leichter von der Hand, wenn wir achtsam und konzentriert sind.

Dann haben wir alle Zeit, die wir brauchen. Wir haben die Wahl, sie uns zu nehmen.

Das *Perlenketten-Prinzip* hilft mir immer wieder, zum Augenblick zurückzukehren:

Eine Aufgabe betrachte ich als die Perle einer Kette, die ich in der Hand halte.
Ist meine Aufgabe erfüllt, lasse ich diese Perle los. Achtsam greife ich zur nächsten:
Diese Perle kann für eine Minute des Abschaltens stehen, weg von Verpflichtungen.
Zunächst möchte ich meinen Kopf wieder leer werden lassen, entspannen und mich neu wahrnehmen. Es braucht nicht viel Zeit, aber es zentriert und stärkt mich. Danach kann ich mich auf die nächste Aufgabe einlassen - ich nehme achtsam und bewusst die nächste Perle in die Hand: „Ich habe alle Zeit, die ich brauche."

Ich erkenne meine Ängste an.

Stromschnelle
Medway River, Nova Scotia, Kanada

Im Frühling füllen sich Bäche und Flüsse mit viel Wasser. Schnell und lebhaft presst sich der Fluss durch sein Bett, überwindet Hindernisse, füllt Kauten, rauscht über Steine und fällt kleinere Felsabsätze hinunter. Am Ende erreicht der Fluss sein Ziel, er mündet in den Ozean.

Der Fluss ist ein Bild für ein bewegtes Leben.

Im Frühling ist er besonders energievoll.

Er stürzt dem Ozean entgegen und lässt sich von keinem Hindernis aufhalten.

Es wäre schön, wenn wir so kraftvoll wie das Wasser Hindernisse

im Leben meistern könnten. Doch im menschlichen Leben spielt Angst eine Rolle.

Wir halten an, scheuen zurück, fürchten zu fallen.

Ängste anerkennen setzt Mut und Kraft frei.

Anstatt in Hilflosigkeit zu ertrinken, können wir Ängste und Hindernisse

überwinden – wie es uns der Fluss vormacht.

Ich erkenne meine Ängste an.

Anzuerkennen was ist, macht innere Ruhe möglich.

Jeder Mensch kennt Ängste. Sicher, wir alle hätten sie lieber nicht. Und das besser heute als morgen. Wir fürchten uns vor Angst, weil sie gleichermaßen Bedrohung und Herausforderung ist, die mit sehr unangenehmen Gefühlen verbunden ist.

Und doch ist sie ein Geschenk des Lebens an uns: Angst warnt uns vor Gefahren. Sie weist uns auf etwas hin, das Bedeutung für uns hat.

Die Angst anzuerkennen, macht sie nicht stärker. Das Gegenteil ist der Fall: Eine Angst nicht anzuerkennen und sich gegen sie zu wehren, gibt ihr weitere Nahrung. Nicht hinzusehen und nicht wissen zu wollen, was sich hinter dem Gefühl verbirgt, schafft weder die Angst noch deren Ursache aus der Welt.

Erinnern wir uns daran, dass uns nicht nur Angst, sondern auch Mut geschenkt wurde. Er gibt uns die Entschlossenheit, unseren Ängsten immer aufs Neue zu begegnen und *mit* ihnen zu leben. Ängste annehmen, bringt Entwicklung und Bewegung mit sich, ihnen ausweichen wollen, führt in die Bewegungslosigkeit.

Wir können Ängste verdrängen, aber all die Energie, die wir dafür aufbringen, geht unserem Leben verloren. Können wir Angst als etwas zu uns Gehörendes annehmen, wird es uns möglich, sie gedanklich und emotional zu erfassen. Wir lernen, Angst vor Schmerzen oder Verlust, vor Unsicherheit oder Hilflosigkeit einzuschätzen und nehmen ihr damit ihre überwältigende Bedrohlichkeit.

Häufig fühlen sich Ängste diffus an. Stellen wir ganz konkrete Fragen an sie, beschäftigt sich der Verstand mit der Suche nach einer Antwort und lässt dem Gefühl nicht die Energie und den Raum, groß zu werden. Zum Beispiel können wir fragen:

- „Was genau, fürchte ich, könnte passieren?"
- „Wodurch wird meine Befürchtung bestätigt?"
- „Gibt es Beweise für meine Befürchtungen?"
- „Was spricht gegen meine Befürchtung?"
- „Was wäre, wenn die vermeintliche Katastrophe tatsächlich eintreten würde?"
- „Was könnte schlimmstenfalls geschehen?"
- „Helfen mir meine Gedanken, mich so zu fühlen, wie ich mich gerne fühlen will?"

Wenn Sie sich tiefer einlassen möchten, beantworten Sie sich die Fragen schriftlich.

Mit diesen Fragen und den Antworten, die wir ganz persönlich für uns finden, nehmen wir unsere Ängste ernst, ohne sie zu groß werden zu lassen. Wir erkennen sie an und binden sie in unser Leben ein. Es ist zuweilen eine große Herausforderung, Mut und Angst im Gleichgewicht zu halten. Während sich die Angst von alleine einstellt, müssen wir unseren Mut bewusst mobilisieren.

„Ich erkenne meine Ängste an." - Diese Affirmation macht uns ungeliebte Gefühle bewusst. Sie erinnert uns daran, dass wir in der Angst an Grenzen stoßen. Genau darin liegt eine Chance zu persönlicher Entwicklung, wenn wir uns diese Grenzen näher ansehen.

Wagen wir ein Leben, in dem Angst und Unsicherheit ebenso wie unser Mut einen Platz haben dürfen.

Mein Ziel findet mich.

Reiher
Mahone Bay, Nova Scotia, Kanada

An einem Teich vor Mahone Bay fischen mehrere Reiher nach einem Leckerbissen. In der Abenddämmerung kommt leichter Nebel auf, und aus einem mir nicht ersichtlichen Grunde gerät plötzlich Bewegung in die Szene. Die Reiher fliegen auf, wechseln die Seiten, suchen sich neue Standorte.

Bei dem Versuch, einen der Vögel im Flug zu fotografieren, fange ich stattdessen die ganze Bewegung mit der Kamera ein. Ein reizvolles Ergebnis.

Verschwommen. Unklar. Bewegt.

Wo will der Vogel hin? Für den Betrachter sind weder Objekt

noch Ziel zu erkennen. Vielleicht ist es manchmal gar nicht so schlecht,

ein Ziel nicht klar vor Augen zu haben.

Mag sein, dass Zeiten der Unklarheit notwendig und wichtig sind,

damit sich das „richtige" Ziel im Laufe eines Prozesses ergeben kann.

Mein Ziel findet mich.

Loslassen

Der Volksmund sagt: „Wenn Du aufhörst zu suchen, wirst Du finden, was Du gesucht hast."

Wir kennen solche Situationen: Angestrengt suchen wir nach einer Lösung, verbissen wollen wir an einem Ziel ankommen, krampfhaft halten wir an einer Idee fest - aber fehlende Konzentration und widrige Umstände blockieren uns. Wir haben keine Einfälle. Erfahrungsgemäß ergibt es wenig Sinn, trotzdem weiterzubohren. Lassen wir los, entspannen oder bewegen wir uns, machen wir eine Pause oder tauchen in etwas anderes ein. Geben wir dem Zufall eine Chance, uns eine Lösung zu schicken.

Intuition

Intuition kann uns führen, wenn wir achtsam und bereit sind, inneren Impulsen zu folgen. Bis zu einem gewissen Grad ist eine genaue Planung unseres Lebens erforderlich. Jedoch gibt es auf diesem Weg unzählige Augenblicke und Kleinigkeiten, die sich nicht planen lassen. Spontaneität und ein gutes Bauchgefühl sind in solchen Momenten nützliche Verbündete. Sie geben uns einen Hinweis, ob uns vielleicht gerade etwas gefunden hat, wonach wir nicht gesucht haben, das aber entscheidende Bedeutung haben kann.

Vertrauen

Der Kern allen Erfolgs ist Vertrauen. Aus dem Vertrauen zu uns selbst nehmen wir die Kraft, uns für ein Ziel einzusetzen. Mit allem, was uns zur Verfügung steht, gehen wir eine Aufgabe an oder verwirklichen eine Idee, weil wir an uns selbst glauben und darauf vertrauen erreichen zu können, was wir wollen. Wir beziehen die Welt in unser Vertrauen mit ein. Wir fließen mit den Ereignissen, nehmen die Umstände an und nutzen sie, um auf unserem Weg voran zu kommen. Was uns im Leben entgegenkommt, könnten Ziele sein, die uns gefunden haben! Wir gewinnen viel, wenn wir sie nicht als Hindernis sondern als Inspiration und Hinweis für unseren weiteren Lebensweg betrachten.

Der Weg ist das Ziel

Große Ziele liegen am Ende eines längeren Weges. Aber es sind viele kleine Schritte nötig, um dort hinzukommen. Gehen wir aufmerksam und bewusst jeden einzelnen Schritt, ist das wie ein Ankommen an kleinen Zwischen-Zielen: Wir bemerken, dass der Weg bereits das Ziel sein kann. Dieser Gedanke ist dem Buddhismus entliehen. Er beinhaltet das Loslassen. Er erfordert die Bereitschaft, der eigenen Intuition zu folgen und dem Leben mit Kreativität zu begegnen. Und letztlich nährt dieser Weg wachsendes Vertrauen - in die eigene Person und in die Welt.

Wir erreichen Präsenz im Hier und Jetzt, weil wir das „große" Ziel losgelassen haben, ohne es aus den Augen zu verlieren. Anstatt an später, an morgen oder an den gewünschten Erfolg zu denken, würdigen wir jeden kleinen Schritt - nehmen das an, was wir in diesem Moment tun können. Wir sind auf dem Weg, haben ein Ziel. Aber wir sind auch in jedem Augenblick offen, uns einzulassen auf das, was uns auf unserem Weg begegnet.

Lassen wir uns inspirieren von den Zielen, die uns finden.

Es ist in Ordnung nicht zu wissen, wie es weitergeht.

Confederation Bridge
Zwischen Nova Scotia und Prince Edward Island, Kanada

Die Brücke zwischen Prince Edward Island und Nova Scotia ist 19 Kilometer lang. Sie ist eine beeindruckende bautechnische Leistung. Auch ohne mich genau damit auszukennen, sind für mich alleine schon diese Dimensionen überwältigend.

Stehe ich auf der einen Seite der Brücke, kann ich das andere Ende nicht sehen. Es scheint irgendwo im Wasser der Northumberland Strait zu liegen.

Es ist ein wenig beängstigend nicht zu sehen, wohin die Straße des Lebens führt.

Führt sie in den Himmel? Hört sie einfach auf?

Werde ich tief hinunterfallen und im Dunkel untergehen?

Ängste sind nicht immer begründet,

und dennoch kommen sie manchmal ungefragt.

Kehrt mein Mut zurück, dann empfinde ich ihn wie einen

silbernen Lichtstreifen am Horizont: Irgendwie geht es weiter.

Ich schöpfe Vertrauen und spüre,

es ist in Ordnung, nicht genau zu wissen, was mich erwartet.

Es ist in Ordnung nicht zu wissen, wie es weitergeht.

Wir können uns selbst erlauben, nicht alles wissen zu müssen.

Wir können nicht in die Zukunft sehen. Trotzdem planen wir, denn es fühlt sich beruhigend an zu wissen, wie man die Zukunft gestalten will. Eine Garantie, dass sich unsere Pläne erfüllen, gibt es nicht. Das Leben kann anderes für uns planen - Sicherheit ist immer trügerisch. Jederzeit können wir in Situationen geraten, in denen wir uns hilflos fühlen. Ein bitteres Gefühl, keine Lösungen zu haben und keine Antwort zu wissen.

Ich kann mich erinnern, dass es für mich als junges Mädchen in der Schule Situationen gab, in denen ich mich *dumm* fühlte, weil ich die richtige Antwort nicht wusste. Was für eine Scham! Am liebsten wäre ich im Boden versunken. Es war überhaupt nicht in Ordnung, nicht zu wissen, wie ich die Schulzeit überstehen sollte. Mit der Zeit aber wurde ich gelassener und lernte, dass ich nicht auf alles Antworten haben musste.

Ein Stück Lebenserfahrung.

Später lernte ich das Gefühl der Hilflosigkeit auf eine andere Art und Weise kennen: Mit 15 Jahren hatte ich schrecklichen Liebeskummer! Ausgerechnet derjenige, in den ich verliebt war, wollte nichts von mir wissen - meine Welt brach zusammen. Wie sollte ich nun weiterleben? Ich wusste nicht, wie ich über diesen Schmerz jemals hinwegkommen sollte. Doch die Welt drehte sich einfach völlig unberührt weiter. Und das war gut so, denn ich kam über den Schmerz hinweg. Ich wollte darüber hinwegkommen.

Noch ein Stück Lebenserfahrung.

Wieder viele Jahre später, nachdem ich mein Studium begonnen hatte und große Pläne für meine berufliche Zukunft machte, war ich unerwartet schwanger. Mit wenig Geld, nur einem Zimmer im Wohnheim, die Ausbildung noch nicht beendet und weit weg von zu Hause, wusste ich mal wieder nicht, wie es weiter gehen sollte. Das Leben ließ mir keine Zeit, mich hilflos zu fühlen, sondern hat mir diese Frage beantwortet, in dem es einfach weiterging.

Meine wichtigste Lebenserfahrung.

Mein damaliger Freund (meine heutiger Ehemann) und ich haben eine Familie gegründet. Nun durfte ich er*leben*, wie viel Freude ein Kind bedeutet und wie Mutterliebe in der Lage ist, alle anderen Sorgen dagegen klein aussehen zu lassen. Das Leben hat mich gelehrt, dass es Lösungen bereit hält.

Selbst wenn wir persönlich nicht wissen, wie es weitergehen soll, können wir darauf vertrauen, dass es einen Weg für uns gibt. Die Zeit heilt tatsächlich Wunden, wenn wir es zulassen. Ein schwerer Verlust oder eine unheilbare Krankheit sind wahrscheinlich die bittersten Situationen, in denen man sich hilflos seinem Schicksal ausgeliefert sieht. Angst und Ohnmacht gilt es zu akzeptieren und auszuhalten - und dann weiterzuleben, obwohl wir nicht wissen können, wie es weitergeht.

Geben wir dem Augenblick sein Recht, geben wir ihm Raum, dass er sich mit aller Trauer, Verzweiflung, Scham, Enttäuschung, Hilflosigkeit, Wut, Schuld, Angst, Unsicherheit und Ungeduld füllen darf und lassen wir all diese Gefühle zu, so lange sie da sein müssen. Nach und nach ändern wir unsere Perspektive und können die bewusst gewordenen Gefühle auch wieder loslassen - es ist in Ordnung, wie es gerade ist.

Menschen haben die Fähigkeit, nicht an einer Stelle stehenzubleiben, sondern weiterzugehen und neue Hoffnung zu schöpfen. Das Leben ist ein Wagnis, ein Prozess, der in unterschiedlichen Entwicklungsabschnitten auf allen Ebenen auch Unvertrautes und Ungewohntes bereit hält. Wir sind in der Lage, mit Unvorhergesehenem im Leben umzugehen. Darauf dürfen wir vertrauen. Es ist in Ordnung, nicht zu wissen, wie es weitergeht.

Ich vertraue mich dem Fluss des Lebens an.

Landschaft
Fraser River, British Columbia, Kanada

Der Fraser River entspringt am Fuße des Mount Evans in den Rocky Mountains. Er sucht sich seinen Weg durch die Berge, findet Täler und mündet nach einer sehr langen Reise schließlich in den Pazifischen Ozean.

Im unteren Drittel, dort wo dieses Bild gemacht ist, mäandert der gewaltige Fluss dahin. Gemächlich und ohne Eile nimmt er seinen Weg, formt die Ufer, bildet Inseln, schafft Lebensräume.

Fluss des Lebens. Eine Lebensreise kommt aus dem Ganzen

und kehrt in das Ganze zurück – wie der Wasserkreislauf

in den Weltmeeren beginnt und dort wieder endet.

Die Lebensenergie trägt uns, wir fließen mit ihr.

Wir dürfen uns diesem Fluss des Lebens anvertrauen,

denn der Fluss kennt die Richtung und fließt von alleine.

Ich vertraue mich dem Fluss des Lebens an.

Flüsse sind eine Quelle der Erfrischung. Ihr Wasser ist Lebenselixier für Pflanzen, Tiere und Menschen. Sie speisen die Ozeane. Und sie kennen ihren Weg.

Die Metapher vom Leben als einem Fluss, dem wir uns anvertrauen, hat etwas Erleichterndes: Wir werden getragen, alles Lebensnotwendige steht uns zur Verfügung, wir werden an unserem Ziel ankommen.

Es gibt für uns Zeiten, da können wir uns mit dem Fluss treiben lassen. Wir geben Verantwortung und Sorgen ab. Wir lassen die Seele baumeln, entspannen uns und vertrauen einfach darauf, auf dem richtigen Weg zu sein. Zu anderen Zeiten wollen wir selbst Segel setzen und bestimmen, wo unser Ziel liegt. Wir lernen, unser Lebensschiff immer besser zu steuern. Das Wasser des Flusses trägt uns.

Sich dem Fluss anzuvertrauen heißt auch, die Windungen des Lebens zu nehmen wie sie sind. Kein Fluss fließt geradlinig - und kein Lebensweg verläuft ohne Kurven, ohne Höhen und Tiefen. Viele Hindernisse müssen überwunden werden. Manchmal geht es steil nach unten, manchmal blockieren gewaltige Hindernisse den Weg. Es gibt Zeiten der Trockenheit, wir kommen nicht vorwärts. Und manchmal wird der Fluss von neuen Quellen gespeist, Zuflüsse von links und rechts lassen den Fluss anschwellen. Neues mischt sich mit Altem und vergrößert den Lebensfluss. Er fließt schneller und verändert sich. - Die Metapher des Flusses beschreibt das Leben.

Wo fließt dieser Fluss, dem wir uns so bedenkenlos anvertrauen können?
Wir finden ihn in uns selbst: In der Fülle, mit der uns das Leben ausgestattet hat. Unsere Fähigkeiten und Talente tragen uns durchs Leben. Unsere Intuitionen und Erfahrungen stehen uns jederzeit zur Verfügung. Verstand und Gefühl unterstützen uns bei allen Entscheidungen. Wir haben Teil an allumfassender Energie.

„Betrachte den Fluss deines Lebens und erkenne, wie viele Ströme in ihn münden, die dich nähren und unterstützen."
*(Thich Nhat Hanh, * 1926, vietnamesischer Zen-Meister)*

Die Welt ist mir wohlgesonnen.

Palmenblätter, Sonnenaufgang
Brevard County, Florida, USA

Im Süden Floridas sind Sonnenaufgänge und Sonnenuntergänge intensiv. Die Färbung des Himmels ist manchmal nahezu unwirklich rot und orange. Unwirklich deshalb, weil man solche Farben nur in Farbkästen vermutet, aber nicht am Himmel.

Dass sie tatsächlich in der Natur zu finden sind, beeindruckt mich immer wieder neu.

Sonnenaufgang – Tagesanfang, das ist etwas, worauf ich mich verlassen kann.

Was auch immer auf der Welt geschieht, zumindest das ist sicher:

An jedem Morgen geht die Sonne auf.

Der Übergang von der Nacht in den Tag hat eine besonders intensive Stimmung.

Die erwachende Welt dreht sich im Licht der aufgehenden Sonne

wieder dem Leben entgegen. Die ersten Sonnenstrahlen wärmen mich.

Sie stimmen mich optimistisch. Ich fühle mich gut aufgehoben

und genieße den ruhigen Beginn des Tages.

Die Welt ist mir wohlgesonnen.

Ein schöner Sonnenaufgang fasziniert. Mit der Dämmerung lösen sich Konturen und Formen allmählich aus dem Dunkel. Die Nacht wird noch einmal ganz still, als wolle sie dem Tag Ehrfurcht entgegenbringen, bevor das Licht vorsichtig den Schleier der Dunkelheit lüftet. Ein einzigartiges Erlebnis.

Unter dem Eindruck der Stimmung eines anbrechenden Tages spüre ich tief in mir, dass mir die Welt wohlgesonnen ist. Eine Erfahrung, die ich jeden Morgen aufs Neue machen kann. Das beruhigt mich und schenkt mir ein Gefühl inneren Friedens. Vertrauensvoll kann ich mich dem Rest des Tages zuwenden. Ich begegne der Welt so wohl gesonnen, wie ich sie erfahre.

Nicht jeder Morgen beginnt so friedvoll. Die Anforderungen des Alltags schlagen wie eine Welle über uns zusammen und häufig bestimmt Zeitdruck das Leben mehr, als wir es wollen. Wir stecken in der Stressfalle. Die Welt ist uns nicht nur und nicht immer wohlgesonnen, ein rauer Wind kann uns entgegen wehen. Das Gefühl von Frieden bleibt auf der Strecke, wenn zu vieles auf uns einstürmt, zu viele Aufgaben anstehen, zu wenig Zeit zur Verfügung steht. Die Welt fühlt sich dann eher feindlich an.

Körper und Seele signalisieren uns meist eindeutig, wenn der Bogen überspannt ist. Wir geraten aus unserem Gleichgewicht und es ist an der Zeit, besser für uns zu sorgen – uns gewissermaßen selbst wieder wohlgesonnen zu sein.

Beginnen wir den Tag still. Sammeln wir uns im Sonnenaufgang. Spüren wir die Faszination des anbrechenden Tages. Konzentrieren wir uns darauf, ruhig durchzuatmen und uns unserer selbst bewusst zu werden. Nehmen wir Kontakt auf mit Körper und Seele, damit wir der Welt begegnen können – wohlgesonnen.

Alles ist für etwas gut.

Felsen und Himmel
Peggy's Cove, Nova Scotia, Kanada

Riesengroße, glatte, runde Felsen prägen das Landschaftsbild an der Küste von Peggy's Cove. Die letzte Eiszeit hat die Felsen hier hinterlassen und geformt. Das Eis selbst ist schließlich mit dem Ozean verschmolzen. Die Felsen sind in der heute für sie charakteristischen Form zurückgeblieben.

Es ist ein Platz, der eine bemerkenswerte Energie ausstrahlt.

Für uns Menschen des 21. Jahrhunderts haben frühere Eiszeiten keinen Schrecken.

Wir betrachten die Ergebnisse und finden sie „gut".

Im Nachhinein sehen wir, wo die Entwicklung hingeführt hat.

Wir sind bestrebt, alles was geschieht in „gut" und „nicht gut" einzuteilen.

Aber es stellt sich immer wieder heraus, dass das, was heute „nicht gut" erscheint,

morgen von großem Nutzen sein kann – in einem Sinn,

den wir heute noch nicht einmal ahnen können.

Ich vertraue darauf, dass sich durch jeweils neu entstehende Bedingungen

etwas weiter entwickelt, das später einen Sinn ergibt.

Alles ist für etwas gut.

Dieser Satz hat tröstlichen Charakter. Was wir nicht verstehen, können wir zumindest akzeptieren. Und wir können das, was geschieht, mit der Hoffnung annehmen, dass es tatsächlich einen Sinn ergibt.

Wir Menschen sind nur ein kleines Rad in einem großen Getriebe. Alles wirkt zusammen. Es ist beeindruckend, welche Geheimnisse Wissenschaft und Forschung bereits gelüftet haben. Doch mit jeder Erkenntnis werden neue Fragen aufgeworfen. Unser Verstand ist zu klein, um die großen Zusammenhänge der Welt und des Kosmos wirklich zu verstehen, aber dennoch entwickeln wir eine Vorstellung davon. Wir erklären uns die Wirklichkeit auf der Grundlage dessen, was wir wissen, und vervollständigen es zu einem für uns sinnvollen Ganzen.

Es steht uns frei, das zu glauben, was uns positiv unterstützt und was uns hilft, unser Leben zufriedener zu leben. Was wir nicht wirklich wissen, können wir nur glauben. Ich glaube: Alles ist für etwas gut. Das Gegenteil lässt sich nicht beweisen. Was jetzt geschieht, schafft die Voraussetzung für weitere Ereignisse. Schritt folgt auf Schritt. Die Zukunft alleine wird zeigen, wohin der Weg führt.

Eine chinesische Geschichte

Es war einmal ein alter Mann, der zur Zeit Laotses mit seinem einzigen Sohn in einer Hütte am Rande eines kleinen chinesischen Dorfes lebte. Ihr einziger Besitz war ein wunderschöner Hengst, um den sie von allen im Dorf beneidet wurden. Alle Kaufangebote lehnten sie strikt ab, denn das Pferd brauchten sie bei der Erntearbeit und es gehörte zur Familie, fast wie ein Freund.

Eines Tages war der Hengst verschwunden. Nachbarn kamen und sagten: „Du Dummkopf, warum hast du das Pferd nicht verkauft? Nun ist es weg, die Ernte ist einzubringen und du hast gar nichts mehr, weder Pferd noch Geld für einen Helfer. Was für ein Unglück!"

Der alte Mann schaute sie an und sagte nur: „Unglück - Mal sehen, denn wer weiß? Das Leben geht seinen eigenen Weg, man soll nicht urteilen und kann nur vertrauen."

Ein paar Tage später war der Hengst wieder da, und ein Wildpferd hatte sich ihm angeschlossen. Jetzt waren die Leute im Dorf begeistert. „Du hast Recht gehabt", sagten sie zu dem alten Mann. „Das Unglück war in Wirklichkeit ein Glück, ein Geschenk des Himmels. Nun bist du ein reicher Mann." Der Alte sagte nur: „Glück - Mal sehen, denn wer weiß? Das Leben geht seinen eigenen Weg, man soll nicht urteilen und kann nur vertrauen."

Die Dorfbewohner schüttelten den Kopf über den wunderlichen Alten, der wohl sein Glück nicht erkannte. Am nächsten Tag begann der Sohn des alten Mannes das neue Wildpferd zu zähmen und zuzureiten. Beim ersten Ausritt warf ihn das Pferd so heftig ab, dass er sich beide Beine brach. Die Nachbarn sagten zu dem alten Mann: „Du hast Recht gehabt. Das Glück hat sich als Unglück erwiesen, dein einziger Sohn ist jetzt ein Krüppel. Und wer soll nun auf deine alten Tage für dich sorgen?" Aber der Alte blieb gelassen und sagte: „Unglück - Mal sehen, denn wer weiß? Das Leben geht seinen eigenen Weg, man soll nicht urteilen und kann nur vertrauen."

Ein paar Wochen später begann ein Krieg. Der König brauchte Soldaten, und alle jungen Männer im Dorf wurden in die Armee gezwungen. Nur den Sohn des alten Mannes holten sie nicht ab, denn den konnten sie nicht gebrauchen. „Ach, was hast du wieder für ein Glück gehabt!", riefen die Leute im Dorf. Der Alte sagte: „Glück - Mal sehen, denn wer weiß? Das Leben geht seinen eigenen Weg, man soll nicht urteilen und kann nur vertrauen. Und ich vertraue darauf, dass das Glück am Ende bei dem ist, der vertrauen kann."

(überliefert)

Ich bin ruhig und gelassen.

Smoky Mountains
South Carolina, USA

Die blauen Berge - so der Beiname der Smoky Mountains - liegen häufig in einem blau-grauen Dunstschleier. Nebel, Licht und Entfernung manipulieren die Wahrnehmung der Betrachter. Obwohl die Bäume dort genauso grün sind wie überall sonst auf der Welt, sieht man eine Landschaft, eingefärbt in unterschiedliche Blau-Schattierungen.

Die gleichförmigen, weichen Formen muten sanft an.

Sie reihen sich aneinander, verschwinden am Horizont im Himmel.

Die blaue Szenerie verschwimmt.

Nach längerem Betrachten spüre ich eine hypnotische Wirkung:

Gelassenheit breitet sich in mir aus, Ruhe durchströmt mich.

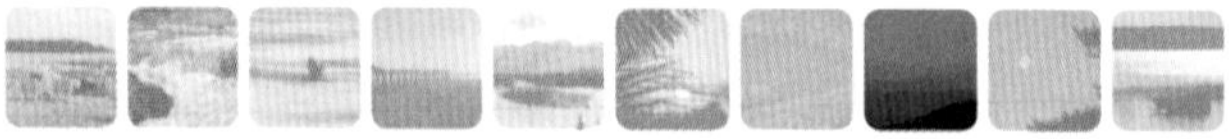

Ich bin ruhig und gelassen.

Die Szene auf dem Bild strahlt Ruhe aus durch Formen und Farben.
Gleichförmige Wellen wirken beruhigend.
Blaue Berge verschmelzen mit dem Himmel.
Mit Auge und Herz halte ich inne.
Ruhig atme ich ein.
Gelassen atme ich aus.

„Ich bin ruhig und gelassen."

Ich lasse mich in das Bild hineinziehen: In Gedanken stehe ich dort oben, auf dem Berg. Von hier aus überblicke ich die ganze Szene. Ich nehme eine Adlerperspektive ein, erhebe mich über die blauen Berge und fühle mich nicht mehr so sehr verstrickt mit dem Leben, das ich von oben anders betrachten kann ...

Mit einem tiefen Atemzug, bewusst und aufmerksam, schaffen wir Abstand zwischen Gefühl und Reaktion. Das gibt uns den notwendigen Raum, über den Dingen und über den eigenen Emotionen zu stehen, bis wir bewusst entscheiden können. Ärger, Wut, Angst, Panik, Kontrollverlust, Hilflosigkeit, Ungeduld - so hilfreich unsere Gefühle sein können, so sehr können sie uns auch behindern. Ein aufgeregtes Herz blockiert den Verstand und verengt den Fächer unserer Handlungsmöglichkeiten.

Aus innerer Ruhe entstehen Klarheit und Kraft. Die Konzentration auf den Atem wirkt beruhigend. Gelassen gewinnen wir Handlungsfähigkeit zurück.

Ruhig atme ich ein.
Gelassen atme ich aus.

„Ich bin ruhig und gelassen."

Ruhig und gelassen nehmen wir unsere Gefühle an wie sie sind. Verstand und Herz finden gemeinsam die richtige Reaktion.

Ich finde mein Gleichgewicht stets neu.

Vollmond
Stuarts Lake, South West Port Mouton, Nova Scotia, Kanada

Die Konturen der Mondlandschaft sind deutlich zu erkennen. Der Vollmond steht noch hoch über dem See, obwohl dämmriges Licht bereits einen neuen Tag ankündigt. Das Schwarz der Nacht weicht dem Blau des Tages.

Der Vollmond ist nur für eine Nacht ganz zu sehen.

Danach sieht es von der Erde aus betrachtet so aus, als nähme der Mond ab,

würde schmaler und schließlich ganz verschwinden.

Doch in Wahrheit ist alles im Gleichgewicht, auch wenn wir das nicht sehen können.

Wenn ich mein Gleichgewicht verliere,

muss ich darum ringen, es wieder zu gewinnen.

„So leicht wie der Mond“ – denke ich – „habe ich es nicht.“

Doch die Gewissheit, dass der vollständige Mond sich weiter um die Erde dreht,

gibt mir Zuversicht: Auch ich finde mein Gleichgewicht immer wieder.

Ich finde mein Gleichgewicht stets neu.

Gleichgewicht hat in erster Linie etwas mit Körperempfinden zu tun. Dank des Gleichgewichtsorganes kann der Mensch aufrecht stehen, zumindest solange sich das Körpergewicht auf zwei Beine verteilen darf.

Eine ähnliche Erfahrung können wir auch innerlich machen: Halten sich innere Energien und äußere Anforderungen die Waage, stehen wir stabil im Leben. Verlieren wir ein „Standbein" - das heißt, haben wir zu wenig innere Energie oder werden die äußeren Anforderungen zu hoch - geraten wir in ein seelisches Ungleichgewicht.

Einladung zu einer Balanceübung.

Stehen Sie mit beiden Füßen fest auf der Erde, das Gewicht gleichmäßig verteilt.

Nun geben Sie Ihr Gleichgewicht bewusst auf. Heben Sie einen Fuß an. Legen Sie die Fußsohle am Knöchel oder Unterschenkel des Standbeines an. Spannen Sie Beine und Gesäß kraftvoll an. Halten Sie Ihr Gleichgewicht. Eventuell strecken Sie Ihre Arme ausgleichend zur Seite.
Spüren Sie den Zeitpunkt, an dem der Körper in sein natürliches Gleichgewicht zurückfallen will. Das geschieht ganz automatisch, ganz von alleine.
Geben Sie der Tendenz Ihres Körpers nach, lassen Sie geschehen, was geschehen soll. Setzen Sie den Fuß auf den Boden - nehmen Sie Ihre Ausgangsposition wieder ein.

Spüren Sie nach: Sie haben ganz natürlich zu Ihrem Gleichgewicht zurückgefunden. Wiederholen Sie die Übung mit dem anderen Bein bzw. dem anderen Fuß.

Der Körper kehrt automatisch zurück in sein natürliches Gleichgewicht.

Ebenso sucht der aus der Balance gekommene Geist (oder die Seele) einen Zustand innerer Ausgeglichenheit zu finden. Wie wir unseren Körper durch vermehrtes Üben dazu bringen können, das Gleichgewicht immer besser zu halten, können wir auch die Bewältigung von Krisen trainieren: Weichen wir Krisen nicht aus, sondern begegnen wir ihnen bewusst und stehen sie durch, haben wir eine innere Erfahrung gemacht, die uns stärkt.

Wir können uns auf die Veranlagung von Körper, Seele und Geist verlassen: Wir pendeln zwischen Gegensätzen hin und her, um im Gleichgewicht zur Ruhe zu kommen.

Das Bild des Mondes unterstreicht dies besonders anschaulich. Zu- und Abnehmen des Mondes vergleiche ich mit den zur Verfügung stehenden inneren Kräften: In schwierigen Zeiten ist unsere Kraft nur teilweise spürbar. Obwohl sie uns ganz zur Verfügung steht, ist sie in der Krise überdeckt - möglicherweise von Schatten der Angst, von Stress oder Selbstzweifeln, von Verunsicherung. Wir halten das Dunkel aus und wenden uns wieder dem Licht zu, gehen weiter. Dann schlägt das Pendel zur anderen Seite aus, Mut tritt in den Vordergrund. Wir spüren wieder mehr von der Kraft, die in uns steckt. Sie kann uns auf natürliche Weise leiten und führen, wir folgen ihr und finden wieder neu in unser Gleichgewicht.

Mein Leben ist friedvoll.

Lichtspiegelung
Stuarts Lake, South West Port Mouton, Nova Scotia, Kanada

Sonnenstrahlen brechen sich auf der Wasseroberfläche. Je nach Standort und Blickwinkel zum Wasser, ergeben sich total unterschiedliche Bilder der Luftspiegelungen und Lichtspiele.

Jedes Bild ist eine einmalige Momentaufnahme.

Kann ich die Zeit jetzt sofort anhalten?

Wenn die Sonnenstrahlen und das ruhige Wasser des Sees sich verbünden,

erschaffen sie eine Welt mystischer Ausstrahlung.

Der Moment fasziniert mich, berauscht mich, erfüllt mich.

Ich fühle mich völlig friedvoll.

Mein Leben ist friedvoll.

Glitzernde Sonnenstrahlen, Spiegelungen des Wassers, ein Spiel von Licht und Schatten – zauberhaft. Versunken, verschmolzen und hingegeben an den Augenblick. Die Stimmung des Moments spiegelt sich am Grund meiner Seele:

Ich fühle mich ganz. Ich fühle inneren Frieden.

Ein Moment, den ich als Geschenk annehme und der mir das Gefühl gibt, ganz bei mir angekommen zu sein. Ein kleines Glück des Augenblicks. Affirmation und Bild sind Mittler dieser Stimmung, die den Betrachter bei sich selbst ankommen lässt.

Wie einen kleinen Schatz bewahren wir solche kostbaren Erinnerungen in uns auf und nehmen sie mit in den Alltag, in dem sich das Leben häufig nicht so friedvoll anfühlt. Wir reiben uns auf, wir engagieren uns und setzen uns ein. Das Leben fordert uns mit immer neuen Aufgaben und Zielen heraus. Einerseits kann das sehr erfüllend sein, andererseits zehrt es aber auch sehr an den Kräften.
Nur wir selbst können bemerken, wann wir zuviel geben und kraftlos werden, und wir selbst schaffen uns Möglichkeiten, mit unserer Stärke immer wieder Verbindung aufzunehmen. In dem wir achtsam für uns selbst sind, wirken wir negativem Stress im täglichen Leben entgegen und bleiben in Kontakt mit unserer Kraft.

Durchatmen, innehalten.

Ein Gegengewicht zu negativem Stress, Überforderung und Burn-Out ist Entspannung. Durch regelmäßige Entspannungsübungen lernen wir Methoden kennen, auf die wir im stressigen Alltag zurückzugreifen können. Affirmationen, mit denen wir uns selbst positiv unterstützen, wirken ergänzend, sinken ins Unterbewusste und helfen uns, im Gleichgewicht zu bleiben. Ein langfristiger Effekt positiven Denkens ist ein Grundgefühl größerer Gelassenheit im Alltag.

„Mein Leben ist friedvoll." – Das Gefühl kommt nicht von außen, wir tragen es in uns. Es ist unsere jeweils subjektive innere Wirklichkeit.

Ich sehe die Welt – neu.

Die Welt begegnet mir.
Ich begegne der Welt – bewusst.

Mit Händen und Knien bin ich im Kontakt mit der Erde. Bewusst atme ich ein und spüre, wie sich die Wirbelsäule nach unten und der Kopf nach oben bewegt. Mein Brustraum wird weit. Mein Blick geht in die Welt hinaus und bewusst halte ich etwas mit den Augen fest: Ich betrachte es neu.

Körper und Geist sind ganz präsent. Ich spreche den Satz und spüre der inneren Wirkung nach: „Ich sehe die Welt - neu."

Das Leben mutet uns vieles zu, dem wir nicht ausweichen können. Wir haben es in der Hand, wie wir den Dingen begegnen. Voller Zuversicht und Selbstvertrauen dürfen wir uns auf uns selbst verlassen: Wir haben alles in uns, was es braucht, um aus diesen Begegnungen bewusst unser Leben zu gestalten.

Wir bestimmen zu einem großen Teil selbst, welche Werte für uns wichtig sind. Sie im Leben umzusetzen, ist nicht immer einfach. Wir brauchen Ausdauer, Mut und Achtsamkeit, wenn wir uns selbst treu bleiben und doch flexibel reagieren wollen auf das, was uns in der Welt erwartet. Wir lernen loslassen und integrieren, präsent, authentisch und vertrauensvoll sein. Die Widersprüche des Lebens fordern uns in jeder nur denkbaren Hinsicht heraus und wir begegnen ihnen immer wieder neu.

Ich habe Vertrauen.

Am Ende wird alles gut.

Ich finde immer zu mir zurück.

Ich lasse Altes los und gewinne Neues.

Ich lebe hier und jetzt.

Ich bin flexibel.

Ich nehme mir Zeit für das Wesentliche.

Ich bin präsent.

Ich verdiene nur das Beste.

Es geht mir von Tag zu Tag in jeglicher Hinsicht immer besser und besser.

Ich habe Vertrauen.

Lucas
Valencia, Spanien

Große Augen, ein offener Blick. Bereit alles aufzunehmen, anzunehmen, zu lernen. Lucas wird die Welt kennenlernen, die man ihm zeigt - aber er wird sie durch seine Augen sehen.

Ein Kind bringt Vertrauen und Neugierde mit in diese Welt.

Es verlässt sich darauf, dass es in seiner Familie ernährt,

versorgt und beschützt wird

und dass es mit seiner Neugierde die Welt erobern darf.

Lucas' intensiver Blick strahlt tiefes Vertrauen und unschuldige Neugierde aus.

Es fühlt sich gut an, auch als Erwachsener manchmal die Welt

mit den Augen eines Kindes zu betrachten.

Ich habe Vertrauen.

Welches Gefühl breitet sich in Ihnen aus, wenn Sie diesen Satz lesen oder aussprechen und auf sich wirken lassen?

Bestätigt Ihr Gefühl die Aussage? Oder bemerken Sie Skepsis?
Gelingt es Ihnen, vorbehaltlos Vertrauen zu empfinden oder melden sich Zweifel?

In Kinderaugen spiegelt sich umfassendes Urvertrauen:
Ein Kind hat ein nicht bewusstes, grenzenloses Vertrauen in sich selbst und seine Fähigkeiten.
Es vertraut seinen Eltern und begegnet seinem Leben ohne Vorbehalte.
Es wächst neugierig und offen heran und folgt seinem inneren Drang, aktiv zu sein, sich selbst erleben zu wollen und Erfahrungen zu machen.
Wie selbstverständlich macht es sich auf, seine einzelnen Entwicklungsstufen zu durchlaufen und gleichzeitig die Welt zu erobern.

Vertrauen zu uns selbst, Vertrauen zu unseren Mitmenschen, Vertrauen in die Welt - für Kinder ist dieses Gefühl auf allen drei Ebenen zunächst selbstverständlich. Aber das bleibt nicht so. Sie erleben Enttäuschungen und werden verunsichert. Je älter sie werden, umso mehr schränken ungünstige persönliche Erfahrungen vorbehaltloses Vertrauen ein. Erwachsen geworden, ist es für Lebensfähigkeit und Lebenslust eines Menschen von elementarer Bedeutung, sich bewusst zu sein, dass Vertrauen immer wieder neu entstehen kann. Es ist ein aktiver Prozess, in dem wir Vertrauen bewusst verschenken und annehmen.

Vertrauen fühlt sich für mich an wie eine Quelle, an der ich mich immer von neuem erfrischen kann, weil diese Quelle nicht außerhalb von mir liegt, sondern weil sie in mir selbst entspringt. Sie nährt Selbstvertrauen, das Vertrauen zu anderen Menschen und auch mein Vertrauen in die Welt. Diese Ebenen sind miteinander verwoben. Sie nähren sich gegenseitig und lassen sich nicht klar voneinander trennen:

- Selbstvertrauen stärkt uns.
- Wir fassen Zutrauen zu andern.
- In der Begegnung kann gegenseitiges Vertrauen wachsen.

Die Fähigkeit zu vertrauen, hat mit Glauben zu tun.

Unbestreitbar ordnen wir Glauben Religionen zu, und in unserer Gesellschaft sind mit dem Rückgang religiöser Einflüsse gemeinsame gesellschaftliche Werte zunehmend verloren gegangen. Wir setzen auf Individualität. Es bleibt jedem selbst überlassen, seine Werte im Leben zu etablieren. Diese Tendenz hat uns einerseits freier gemacht, aber andererseits sind wir auch unsicherer und einsamer geworden. Es ist nicht verwunderlich, dass in westlichen Kulturen eine Sehnsucht nach verlässlichen menschlichen Werten, nach Vertrauen und nach Spiritualität eine neue Suche in Gang gesetzt hat.

Vertrauen ist eine notwendige Lebensgrundlage und gleichzeitig immer wieder eine neue Herausforderung. Wir beziehen uns als Menschen aufeinander, in dem wir uns vertrauensvoll einlassen und abgrenzen. Das ist die Basis, auf der jeder der Mensch sein darf, der er ist.

Einladung zu einer Körperübung:

Gönnen Sie sich einen Augenblick Zeit für sich selbst.

Finden Sie Ihre Körperhaltung zu dem Satz: „Ich vertraue mir selbst."
Spüren Sie dem Gefühl nach, das die Worte in Ihnen auslösen.

Finden Sie eine Körperhaltung zu dem Satz: „Ich vertraue meinen Mitmenschen."
Spüren Sie dem Gefühl nach, das die Worte in Ihnen auslösen.

Finden Sie eine Körperhaltung zu dem Satz: „Ich habe Vertrauen in die Welt."
Beobachten Sie Ihre Gedanken. Achten Sie auf das Gefühl in Ihrem Körper.

Am Ende wird alles gut.

Abendkulisse
Ile du Havre-Aubert, Magdalenen Inseln,
Québec, Kanada

Ein Tag geht zu Ende. Die Sonne färbt die Wolken in Rottönen. Der Hügel davor erscheint schon ganz dunkel, und die Häuser werden im Gegenlicht verschluckt.

Farben spielen mit Wolken und Horizont zwischen Ende und Anfang.

Will die Abendsonne mit dem Schauspiel glühenden Rots am Himmel

über ihren Untergang hinwegtrösten?

Geht bei uns der Tag zu Ende, fängt woanders ein neuer Tag an.

Legt sich langsam die Dunkelheit der Nacht über diese Seite der Erde,

erwacht die andere Seite im Licht der aufgehenden Sonne allmählich zum Leben.

Was uns als Untergang erscheint, ist an anderer Stelle ein Neuanfang.

Am Ende wird alles gut.

Ein unbeschreibliches Gefühl von Frieden durchströmt mich, wenn ich so ganz in diesen Satz eintauchen kann. Ich spüre, wie eine große Bürde von mir fällt: Ich brauche den Kreislauf der Welt nicht zu verstehen, er funktioniert von allein. Es gibt keine Notwendigkeit begreifen zu müssen, warum die Welt so ist wie sie ist. Sie ist einfach so. Sonne und Erde drehen sich weiter. Wo etwas zu Ende geht, wird etwas Neues beginnen.

Darauf vertrauen zu können, dass alles gut ist, so wie es ist, ermöglicht inneren Frieden.

Die Welt schafft für uns Gelegenheiten, unseren Beitrag zu leisten. Wir bringen unsere Talente, unser Wissen, unsere Fähigkeiten und Ideen, unsere Kreativität und unsere Energie ein. Wir begegnen den Herausforderungen des Lebens und geben unser Bestes, konzentriert und mit Hingabe. Das ist alles, was wir tun können. Den Rest müssen wir dem Leben oder anderen überlassen und darauf vertrauen, dass alles zu einem guten Ende geführt wird. Wir haben unseren Teil beigetragen und unsere Verantwortung übernommen, mehr liegt nicht in unserer Hand. Darüber hinaus bleibt uns nur noch der Weg zu vertrauen und die Welt mit ihrer ständigen Veränderung anzunehmen.

„Akzeptieren wir die Dinge, dann sind sie wie sie sind.
Akzeptieren wir die Dinge nicht, dann sind sie wie sie sind."
(Laotse, 6 Jhd. v.Chr., chinesischer Philosoph)

Wir Menschen können nicht in die Zukunft sehen. Aber wir haben den gegenwärtigen Augenblick, um zu agieren und zu reagieren. Was wir jetzt tun, ist Grundlage für das, was folgen wird. Mehr Sicherheit haben wir nicht. Häufig können wir nichts tun, sondern müssen aushalten was geschieht. Wer vertrauen kann, bleibt gelassen.

Alles ist gut. Die Affirmation kann in dunklen, schwierigen Momenten Trost und Zuversicht vermitteln. Alles ist gut - auch wenn es in manchem Augenblick schwer zu begreifen ist.

Obwohl die Sonne untergeht, verzweifeln wir nicht.
Wir vertrauen: Die Sonne kehrt zurück mit ihrem Licht und ihrer Wärme.
Am Ende wird alles gut.

Ich finde immer zu mir zurück.

Indian Summer
Stuarts Lake, South West Port Mouton, Nova Scotia, Kanada

Der Herbst in Nova Scotia ist die bunteste Jahreszeit in der Natur. Das Rot des Ahornbaumes fällt besonders ins Auge, Gelb und Orange leuchten kräftig, das Grün der Tannen und Kiefern ergänzt das Farbspiel.

Auf diesem Bild reflektiert das Wasser den Himmel in einem intensiven Blau. Die bunte Silhouette der Bäume spiegelt sich klar darin. Verwirrend.

Was ist echt? Wo ist oben oder unten?

Steht der Wald Kopf oder ist der Himmel ins Wasser gefallen?

Ich nehme mir die Zeit, das Bild lange genug zu betrachten.

Die Verwirrung verliert sich, und ich traue meiner Wahrnehmung wieder.

Nach und nach erkenne ich die Einzelheiten genau.

Alles ist am richtigen Platz.

Ich finde immer zu mir zurück.

In der Stille, die ich vor meiner kleinen Hütte am See finde, gibt es nur den Wind, das Wasser, den Himmel, Tiere, Pflanzen und Bäume. Alles ist einfach nur da - wie ich auch. In der Geborgenheit dieses Ortes fühle ich mich als ein Teil des ganzen Kosmos, der um mich existiert. Ich bin ich - ganz. Und ich bin ganz bei mir.

Es ist gut zu wissen, dass ich immer wieder zu dieser inneren Ganzheit zurückfinden kann, weil ich das Gefühl intensiv erlebt habe.

An anderer Stelle und zu einer anderen Zeit verliere ich mich wieder. Ich verliere mich in den vielen Augen, denen ich in der Welt begegne, die mich anschauen und Erwartungen an mich herantragen. Ich verliere mich in den vielen Gedanken, die auf mich einstürmen. Und manchmal verliere ich mich auch in den vielen Informationen, Meinungen und Argumenten anderer. Statt meiner Ganzheit spüre ich Verwirrung und Verunsicherung. Ich suche nach einem Halt, nach einem Hinweis, was wohl richtig sein mag, doch manchmal weiß ich es einfach nicht. Neue Aufgaben, ein Gefühl mangelnder Erfahrung, ungewohnte Situationen ohne Handlungssicherheit und unsichere Erwartungen können mich aus dem Gleichgewicht bringen.

Es gibt immer wieder Situationen im Leben, in denen wir unsicher werden. Möglicherweise gibt uns dann eine Rolle Sicherheit, bis wir wieder echt sein können, authentisch. Eine Rolle gibt uns einen Spielraum, in dem wir uns leichter bewegen können, ohne viel zu überlegen. Manchmal nutzen wir diesen Raum recht lange: Tochter oder Bruder, Kollegin, Vorsitzender, Chefin, Vater oder Mutter, Freundin, Kumpel, Verführerin, Supermann, Nachbarin, verlässlicher Partner, Erfolgsmensch, Tausendsassa oder Mauerblümchen - eine Rolle bietet uns ein bestimmtes Verhaltensmuster an.

Diese Affirmation erinnert uns daran, dass wir zu uns selbst zurückfinden können. Sind wir achtsam für uns selbst, entdecken wir hinter der Vielfalt unserer Rollen wieder, was uns als Person ausmacht und wo wir uns authentisch und *ganz* fühlen.

Ganz sein.

Menschlichkeit zeigen.
Jeder darf sich zeigen und seinen Weg gehen.
Wer dafür sorgt, dass es ihm gut geht, sorgt damit auch für andere.

Seiner Intuition folgen.
Spontan und achtsam sein.
Unsicherheit darf sein, denn sie ist menschlich.

Grenzen annehmen.
Anderen ihr Recht lassen.
Vertrauen und Akzeptanz geben Sicherheit.

Eins sein mit dem, was wir im gegenwärtigen Moment sagen oder tun.
Mit unserem Herzen im Kontakt.
Authentisch.

Ich lasse Altes los und gewinne Neues.

Bugspriet eines Segelschiffes
Havre-Aubert, Magdalenen Inseln, Québec, Kanada

Im Hafen von Havre-Aubert, einem kleinen Dörfchen für Künstler, Touristen und Fischer, liegt ein Zweimaster auf dem Trockendock. Ob nur der Kiel einen neuen Anstrich bekommen soll, oder ob der in die Jahre gekommene Schoner ausgedient hat, das kann ich nicht erkennen.

Das Segelschiff vor blauem Himmel und grüner Hügellandschaft ist auf jeden Fall ein lohnendes Fotomotiv.

Der Schoner passt nicht mehr in unsere Zeit. Seine goldenen Tage sind vorüber.

Bestimmt hat er eine aufregende Geschichte.

Ich sehe in meiner Fantasie mutige Abenteurer vor mir,

Fischer in stürmischen Meeren,

aufgeblähte Segel im Wind, Wellen, die gegen den Bug schlagen.

Nur Fantasien. Das Schiff hängt nicht an den alten Tagen.

Es lässt das Neue einfach auf sich zukommen.

Ich lasse Altes los und gewinne Neues.

Solange wir in der Vergangenheit verhaftet sind, sind wir noch nicht bereit für die Zukunft.

Wir sind der Vergangenheit verhaftet.

Vergangenes kann uns fesseln, kann uns Handschellen anlegen und uns unfrei machen. Belastende Vergangenheit ist wie ein Gefängnis, in dem wir die Gegenwart verbringen und die Zukunft verpassen. Als verbüßten wir eine Strafe, quält uns Altes solange wir nicht fassen und annehmen können, was uns zugemutet wurde oder zugestoßen ist:

Wir klagen über Ungerechtigkeit, die uns geschehen ist; der Wunsch nach Vergeltung macht es uns unmöglich, zu vergessen; wir geben die Opferrolle nicht auf; die Erinnerung aufzugeben, fühlt sich wie Verrat an; wir fürchten schuldig zu werden; wir identifizieren uns mit der Vergangenheit; geben wir Erinnerungen auf, fürchten wir uns selbst aufzugeben.

Um dem Gefängnis zu entkommen, gibt es keinen anderen Weg, als unseren Frieden mit der Vergangenheit zu machen. Egal was auch passiert ist, es lässt uns nur los, wenn wir ihm seinen Platz geben und lernen, unser Schicksal anzunehmen. Mit dem Blick auf gegenwärtige Bedürfnisse kann es gelingen, die Ereignisse der Vergangenheit in unser Leben zu integrieren. Statt anzuklagen und das Alte durch unsere Gedanken immer wieder zu neuem Leben zu erwecken, können wir bewusst nach Wegen suchen, wie wir in der Gegenwart damit umgehen:

Handeln wir, wenn Bedarf da ist. Schreiben wir auf oder sprechen wir aus, was uns belastet. Suchen wir Hilfe, wenn wir nicht alleine klar kommen. Nutzen wir kreative Möglichkeiten, um herauszulassen, was uns nicht loslässt, und um es damit langsam zu integrieren. Geben wir der Erinnerung einen angemessenen Platz, ohne dass sie uns weiter bestimmen muss.

Wenn wir aktiv etwas tun, kann sich das Alte mit uns weiterentwickeln – in der Gegenwart. Dann bleibt es nicht, was es war, weil es sich durch unsere gegenwärtigen Gefühle und Bedürfnisse mit verändert. Es wird zu dem Neuen, das wir gewinnen.

„Ich lasse Altes los und gewinne Neues." – Diese Affirmation kann uns unterstützen und daran erinnern, dass wir frei werden, wenn wir das Alte loslassen, es in die Gegenwart integrieren und damit Neues ermöglichen. Den Entschluss, die Vergangenheit loszulassen, kann uns niemand abnehmen. Wir müssen selbst die Kraft aufbringen, uns unseren Bedürfnissen und den Tatsachen der Gegenwart zuzuwenden.

Was unser Leben gestern ausgemacht hat, verändert sich heute, und wir wissen nicht, wie das Neue sein wird, das morgen auf uns zukommt. Das löst natürlich Ängste aus, und manchmal fühlt sich die Sicherheit der leidvollen Erinnerungen besser an, als die Unsicherheit zukünftiger Ungewissheit. Wer sich im Gefängnis gut eingerichtet hat, der fürchtet die Freiheit. Aber verpasst er nicht auch sein Leben?

Wir schulden der Vergangenheit nichts. Aber wir schulden uns selbst unser Leben. Vorübergehende Ungewissheit auszuhalten wird belohnt mit der Aussicht auf ein Leben, das nicht von unseren Ängsten, sondern von uns selbst bestimmt wird. So wird größere innere Freiheit möglich, im Einklang mit Erinnerungen und Hoffnungen – zwischen Vergangenheit, Gegenwart und Zukunft.

Ich lebe hier und jetzt.

Weißkopf-Seeadler
Stuarts Lake, South West Port Mouton, Nova Scotia, Kanada

Auf einem Felsen mitten im See hat der Weißkopf-Seeadler seine Fische verspeist.

Mit Kamera und Kajak mache ich mich auf den Weg, paddle leise hinüber zu ihm. Ich bin erstaunt, wie nah ich dem Adler kommen kann.

Kraftvoll, stolz, frei und unabhängig –

Eigenschaften, die ich automatisch mit einem Adler in Verbindung bringe.

Der König der Lüfte behält die Übersicht.

Er ist aufmerksam und reagiert blitzschnell,

wenn die Zeit richtig ist. Nichts entgeht ihm.

Stets ist er achtsam für das Geschehen im Augenblick.

Ich lebe hier und jetzt.

Leben im Hier und Jetzt - ein schwer zu erreichendes, aber ein sehr erfüllendes Ziel.

„Wo und wie könnte man anders als hier und jetzt leben?" Drängt sich Ihnen diese Frage auf? „Lebt nicht jeder zwangsläufig *jetzt*, in diesem Augenblick?", so mögen Sie denken. „Was soll daran also schwer sein?"

Diese Annahme ist natürlich richtig: Jeder ist schließlich ganz offensichtlich körperlich *da* - und ist somit zwangsläufig in der Gegenwart. Aber das ist nicht gleichzusetzen mit dem bewussten *Erleben* des Augenblicks: Wir nehmen die Umwelt bewusst wahr und werden gleichzeitig unserer eigenen Person gewahr, mit unseren Sinnen, Gedanken, Gefühlen, inneren Impulsen, Zielen und Werten.

Wie verstehen Sie den Unterschied zwischen „leben" und „erleben"?

Ich vermute, jeder kennt die Erfahrung, zwar körperlich anwesend zu sein in einer Situation, aber innerlich dennoch an einem völlig anderen Ort zu verweilen und dort etwas anderes zu *erleben*, als den gegenwärtigen Moment. Mit inneren Bildern und Gedanken schaffen wir Abstand zum Hier und Jetzt. Wir tauchen in eine andere Welt ein, die in einer (besseren?) Zukunft liegen kann, oder in der (verklärten?) Vergangenheit stecken geblieben ist. Damit vermeiden wir die Gegenwart.

Durch die Flucht in Tagträume berauben wir uns der Chance, unsere Gegenwart so zu gestalten, dass sie zu einer glücklicheren Zukunft führen kann. Wenn wir heute nicht handeln, wird sich morgen nichts ändern. Wenn wir tun, was wir immer getan haben, werden wir das Gleiche haben, was wir immer gehabt haben *(frei nach Dr. N. Peseschkian, Facharzt für Neurologie und Psychiatrie).*

Leben wir im Hier und Jetzt, setzen wir uns in Beziehung dazu: Wie wir uns im JETZT spüren, so dürfen wir sein - das ist die Basis für unsere Antworten an die jeweilige Situation. JETZT ist immer der einzige Moment, in dem wir unser Leben intensiv spüren und aktiv gestalten können.

„Ich lebe hier und jetzt." Mit dieser Affirmation konzentrieren wir die Gedanken immer wieder neu auf den gegenwärtigen Augenblick.

Hier stehe ich, wenn ich stehe.
Hier gehe ich, wenn ich gehe.
Hier und jetzt spüre ich mich.

Das Geheimnis der Zufriedenheit

Es kamen einmal ein paar Suchende zu einem alten Zen-Meister.

„Herr", fragten sie, „was tust du, um glücklich und zufrieden zu sein? Wir wären auch gerne so glücklich wie du."

Der Alte antwortete mit mildem Lächeln: „Wenn ich liege, dann liege ich. Wenn ich aufstehe, dann stehe ich auf. Wenn ich gehe, dann gehe ich und wenn ich esse, dann esse ich."

Die Fragenden schauten etwas betreten in die Runde. Einer platzte heraus: „Bitte, treibe keinen Spott mit uns. Was du sagst, tun wir auch. Wir schlafen, essen und gehen. Aber wir sind nicht glücklich. Was ist also dein Geheimnis?"

Es kam die gleiche Antwort: „Wenn ich liege, dann liege ich. Wenn ich aufstehe, dann stehe ich auf. Wenn ich gehe, dann gehe ich und wenn ich esse, dann esse ich."

Die Unruhe und den Unmut der Suchenden spürend, fügte der Meister nach einer Weile hinzu: „Sicher liegt auch ihr und ihr geht auch und ihr esst. Aber während ihr liegt, denkt ihr schon ans Aufstehen. Während ihr aufsteht, überlegt ihr wohin ihr geht und während ihr geht, fragt ihr euch, was ihr essen werdet. So sind eure Gedanken ständig woanders und nicht da, wo ihr gerade seid. Im Schnittpunkt zwischen Vergangenheit und Zukunft findet das eigentliche Leben statt. Lasst euch auf diesen nicht messbaren Augenblick ganz ein und ihr habt die Chance, wirklich glücklich und zufrieden zu sein."

Ich bin flexibel.

Gebeugte Bäume
Myrtle Beach State Park, South Carolina, USA

Zwei Bäume haben sich mit dem Wind gebeugt. Sie wachsen ganz nah am Strand und müssen sich ihrer Umgebung anpassen.

Sie haben gelernt, sich mit dem Wind, der tagein tagaus vom Meer her über das Land weht, zu neigen.

Diese Bäume sind stark und zielstrebig gewachsen.

Dennoch zeigen sie Flexibilität.

Ich vermute, sie beugen sich gerade so weit mit dem Wind, wie es erforderlich ist,

damit sie nicht brechen. Die Materialien in der Natur sind weise,

ohne es zu wissen und ohne sich anstrengen zu müssen.

Sie finden auf natürliche Art und Weise ihre Balance, weil sie flexibel sind.

Es steht uns Menschen gut an, eine solche Weisheit auch für uns zu entwickeln:

Stark und unverkennbar das zu sein, was wir sind, aber trotzdem flexibel genug,

um uns an die Lebensbedingungen anzupassen und nicht daran zu zerbrechen.

Ich bin flexibel.

Sind Sie bereit, sich jeden Augenblick neu auf das Leben einzulassen?

„Das Leben steckt voller Überraschungen", so sagen wir. Manchmal ist es ein Versprechen, aber es kann auch wie eine Drohung wirken. Das Leben lässt uns jedenfalls nicht immer eine Wahl, sondern es mutet sich uns einfach zu. Zwischen guten und bösen Überraschungen müssen wir es nehmen, wie es kommt. Das Leben verlangt von uns flexibel zu sein, wenn wir nicht an ihm zerbrechen wollen.

Wir besitzen innere Weisheit, auf die wir uns verlassen können: Sobald der Bogen überspannt wird, meldet sich ein körperlicher oder mentaler Widerstand. Stress, Krankheit, Erschöpfung, dauernde Unzufriedenheit oder Lustlosigkeit zeigen an, dass wir aus dem Gleichgewicht geraten sind.

Sind wir nicht flexibel genug, unsere Bedürfnisse und die Anforderungen des Lebens in Einklang zu bringen? Oder versuchen wir zu sehr, Anforderungen von außen gerecht zu werden? Denken wir zu wenig an uns selbst und verbiegen wir uns?

Wir bewegen uns zwischen Standfestigkeit und Veränderung.

Standfestigkeit bedeutet Sicherheit. Sie ist der Boden, auf dem wir stehen: Menschliche Bindungen, ein intaktes soziales Umfeld, materielle Sicherheit, Gesundheit, körperlich und seelisch - auf diesen Grundlagen finden wir Halt und auch Nahrung für persönliches Wachstum.

Veränderung ist ebenso ein Teil von uns. Sie kennzeichnet alles Lebendige. Bewegung ist der Sturm, dem wir ausgesetzt sind: Unser eigenes Wachstum, weitreichende Entscheidungen, Verlust oder Wechsel des Arbeitsplatzes, unfreiwilliger Ortswechsel, Verlust von Freunden oder eines Lebenspartners, Alter, eine Glaubenskrise, Krankheit - Veränderungen können an uns zerren wie ein heftiger Sturm. Wir müssen erkennen, dass wir immer nur vermeintlich und teilweise sicher sein können, dass es nur relative, aber keine dauernde Sicherheit gibt.

Einladung zu einer Übung:

Stehen Sie gerade, die Füße hüftbreit voneinander entfernt.
Die Arme hängen zunächst locker neben Ihrem Körper.
Atmen Sie tief ein -
und spannen Sie gleichzeitig Ihre Muskulatur an, von den Zehen bis in die Haarspitzen.
Dann atmen Sie aus -
und lassen wieder los, alle Anspannung darf in den Boden abfließen.

Stellen Sie sich vor …

Sie sind ein Baum im Wind.
Spüren Sie Ihre Wurzeln, die Verbindung zur Erde.
Spüren Sie Ihren Stamm, und Ihre Zweige, die der Sonne entgegenwachsen wollen.
Lassen Sie in Ihrer Vorstellung den Wind stärker werden, ihn bis zu einem Sturm anschwellen.
Lassen Sie Ihren Körper auf das innere Bild reagieren.

Nehmen Sie innerlich wahr, wie Sie sich flexibel im Wind bewegen und dennoch Ihre Standfestigkeit nicht aufgeben. - Wenn Sie während der Übung den Impuls verspüren, Ihre Arme bewegen zu wollen, dann tun Sie das bitte.

Akzeptieren wir die Stürme des Lebens: Wir halten Stand oder wir beugen uns soweit wie nötig. Unsere Standfestigkeit und Lebenskraft setzen wir kleinen und großen Stürmen entgegen. Mit den notwendigen Veränderungen antworten wir auf Überraschungen, Krisen und Herausforderungen.

Wir sind flexibel.

Ich nehme mir Zeit für das Wesentliche.

Tautropfen im Gras
South West Port Mouton, Nova Scotia, Kanada

Tau hat sich an Grashalme geheftet. Einzelne Tropfen sammeln sich an der Spitze, leuchten kurz im Sonnenlicht, glitzern im satten Grün der Wiese.

Ich nehme mir Zeit, das Schauspiel zu genießen.

Tau im Gras ist etwas Alltägliches.

Nur wer sich Zeit nimmt, die Szene genauer zu betrachten,

wird die Details entdecken, die etwas Besonderes daraus machen.

Was ist wesentlich: Der Halm oder der Tropfen?

Die Halt gebende Form oder die nährende Feuchtigkeit?

Die Schönheit liegt im Auge des Betrachters, der sich Zeit nimmt,

Detail und Gesamtbild zu würdigen

und für sich das Wesentliche zu erkennen.

Ich nehme mir Zeit für das Wesentliche.

Ein Grashalm ist ein wesentlicher Bestandteil einer Wiese, ein Tropfen ist ein wesentlicher Bestandteil einer Pfütze, eines Sees oder des Ozeans. Was aber ist das Wesentliche für uns? Lässt sich das auch so leicht auf einen Bestandteil reduzieren?

Aus dem Wort ergibt sich ein vordergründiger Zusammenhang: Wesentlich für uns ist, was wir mit unserem Wesen verbinden. Unsere Wesenseinheit ist unsere Identität. Nach Hilarion G. Petzold (*1944, Professor für Psychologie, Gründer des Fritz Perls Instituts) ist für alle Menschen, gleich welcher Kultur, die Erfüllung von fünf Grundbedürfnissen wesentlich, damit sie sich glücklich fühlen können:

- Wir wollen gesund an Leib und Seele sein, wollen lieben dürfen und geliebt werden, wollen attraktiv und leistungsfähig sein.
- Wir möchten in ein soziales Netz eingebunden sein, Freunde haben, gute Beziehungen pflegen und dort unsere persönliche Bedeutung und unseren Einfluss spüren können. Gleichzeitig möchten wir frei und autonom sein.
- Wir möchten uns ausdrücken über das, was wir schaffen. Ob dies in der Arbeit möglich ist oder im Freizeitbereich, über unsere Aufgaben in der Familie oder in der Kommune – es ist wesentlich, dass wir Sinn in dem finden, was wir tun.
- Wir brauchen materielle Sicherheit, die unser Grundbedürfnis nach Kleidung, Nahrung, Wohnung und Bildung abdeckt.
- Wir suchen auf einer weltlichen und auf einer spirituellen Ebene nach einer persönlichen Lebensphilosophie.

Wie viel Zeit nehmen Sie sich für jedes einzelne Bedürfnis?
Stehen Sie auf gleich starken „Säulen" Ihrer Identität?

Stellen Sie Ihre Antworten grafisch als Grundpfeiler dar, auf denen Sie Ihr Lebens-Haus bauen. Gibt es unterschiedlich hohe Säulen in Ihrem Fundament? Gibt es ein Ungleichgewicht, das ausgeglichen werden will?

Jeder Mensch setzt seine Schwerpunkte selbst. Wie wir unsere Zeit zwischen Leistung und Entspannung aufteilen, ist individuell unterschiedlich. Solange wir uns angemessen entfalten können und uns zwischenmenschlich einbringen, bleiben wir in einem relativen Gleichgewicht.

Alltagsgeschäft, Beruf und andere Verpflichtungen können uns jedoch auffressen, und viele von uns vernachlässigen das Gleichgewicht dessen, was *eigentlich* wichtig ist, was uns ausmacht und trägt. Wir geraten in Gefahr, uns langsam von uns selbst zu entfernen und in ein Ungleichgewicht zu kommen. Irgendwann sehen wir uns dann auf unangenehme Weise gezwungen, uns wieder Zeit zu nehmen für das Wesentliche.

Oft hilft bereits ein offenes Gespräch, um sich bewusst zu werden, welche Bedürfnisse gerade zu kurz kommen. Sehen wir das klarer, können wir gegensteuern, können aktiv dafür sorgen, dass unsere Lebenssäulen wieder gestärkt werden und dauerhaft stark bleiben.

Ich selbst finde zum Beispiel im Tagebuchschreiben ein einfaches Hilfsmittel, mit dem ich mich auf das konzentrieren kann, was mir wesentlich ist. So verliere ich es nicht aus den Augen, und es bleibt in meinem Unterbewusstsein immer präsent. Ich kann mir deshalb manchmal sogar erlauben, das bewusst zu vernachlässigen, was gerade nicht an der Reihe ist oder wofür ich glaube, keinen Platz zu haben. Es wird später wieder dran sein, dann nehme ich mir Zeit dafür.

Die Affirmation erinnert uns daran, nicht zu vergessen, was uns wesentlich ist. Dann werden wir uns auch die notwendige Zeit dazu nehmen.

Ich bin präsent.

Blumenblüte
Everglades, Florida, USA

„Fluss aus Gras" - so werden die Everglades auch genannt. Ungefähr 80 Kilometer breit und nur 10 bis 25 Zentimeter tief, bewegt sich das Wasser träge nur etwa 30 Meter pro Tag vorwärts, über eine Länge von etwa 100 Kilometern. Die Südspitze Floridas beherbergt eines der letzten Naturreservoire dieser Größe.

Der Fluss ist Heimat für eine große Vielfalt von Tieren und Pflanzen. In dem braunen Gewässer ist mir die Wasserblume sofort ins Auge gesprungen mit ihrem intensiven, weithin leuchtenden Gelb.

Die kleine Blume in dem großen Fluss wirkt nicht verloren.

Sie streckt sich zur Sonne, zeigt sich der Welt selbstsicher,

präsentiert ihre Schönheit in Wuchs, Form und Farbe.

Ich verbinde Intensität damit. – Wie mag sich das anfühlen?

Größtmögliche Intensität entsteht, wenn man völlig eins ist mit sich und der Welt.

Völlig präsent.

Ich bin präsent.

„Präsens" ist das lateinische Wort für „Gegenwart". Präsent zu sein heißt: völlig im gegenwärtigen Moment zu sein.

Präsent zu sein ist ein Zustand *und* eine Fähigkeit. In den verschiedensten Affirmationen dieses Buches begegnet sie uns als Wachheit und Aufmerksamkeit für das, was im jeweiligen Augenblick geschieht - in uns selbst oder in unserem Umfeld.

Präsenz ist ein natürlicher Seins-Zustand, den wir bei völliger Hingabe erfahren. Wir sind versunken im Tun, sind eins mit dem, was wir spüren. Klarheit und Einheit von Körper, Seele und Geist erleben wir im Zustand völliger Konzentration. Wir sind entspannt, fokussiert, kreativ und aufnahmefähig. In diesem Augenblick stehen uns sämtliche Ressourcen voll zur Verfügung. Ohne angestrengtes Nachdenken ist *präsent*, was wir fühlen und wissen. Wir sind achtsam und bereit, auch unserem tieferen, intuitiven Wissen Raum zu geben. Es wird möglich, zwischen Bewusstem und Unbewusstem, zwischen Leere und Gedankenfülle, zwischen Absichtslosigkeit und Zielgerichtetheit zu agieren oder zu reagieren und das entstehen zu lassen, was im jeweiligen Augenblick diesen Raum füllt. In diesem Seins-Zustand sind wir in unserer Mitte und im Frieden. Handeln und Denken entstehen aus einer inneren Ganzheit, ohne unser Zutun.

„Mach dich einfach innerlich leer und bring dich in Übereinstimmung mit dem Äußeren. Dann wirst Du auch im hektischen Treiben der Welt in Frieden sein."

(Yüan-wu, 1063-1135, chinesischer Zen-Meister)

Zen spricht von der *Medizin des Augenblicks*, in dem Ganzheit spürbar wird, weil Getrenntheit überwunden ist. Als Menschen westlicher Kulturkreise können wir bewusst von Zen lernen: In Entspannung, Konzentration und Meditation lässt sich Präsenz üben. Ziel ist es, sich selbst bewusst innerlich in seine Mitte zu bringen, was durch die Beobachtung des Atems möglich wird. Dort geschieht alles von alleine, wir *werden geatmet*, der Atem fließt. Wir beobachten, sind achtsam und lassen es geschehen. Mit jedem Atemzug lassen wir aufkommende Gedanken los, machen uns leer. Wir gleichen aus und sind ausgeglichen:

- In diesem Augenblick brauchen wir nichts zu beurteilen.
- In diesem Augenblick teilen wir nicht in gut und schlecht.
- Wir halten nicht fest, sondern lassen los - alles darf sein, wie es ist.
- Wir sind klar und präsent im Augenblick.

Einladung zu einer Atemübung:

Sitzen Sie aufrecht.

Beide Füße stehen fest auf der Erde, die Hände ruhen auf den Oberschenkeln.

Atmen Sie durch die Nase ein, in den Bauch.

Halten Sie den Atem kurz dort fest.

Atmen Sie durch die Nase alle Luft wieder aus.

Setzen Sie ruhig die Bauchatmung fort und denken Sie:

„Ich bin präsent."

Erlauben Sie sich, konzentriert und achtsam zu sein, gegenwärtig im Moment.
Spüren Sie dem Satz nach und kommen Sie bei sich an.

Begegnen Sie Ihrer inneren Leere über Ihren Atem.
Begegnen Sie Ihrer inneren Fülle über Ihren Atem.
Begegnen Sie Ihrer inneren Mitte über Ihren Atem.

Ich verdiene nur das Beste.

Kinderhand greift nach einer Orange
Monte Horquera, Valencia, Spanien

Das Kind weiß noch nicht, was eine Orange ist, aber es findet sie auffällig. Seine Aufmerksamkeit wird sofort durch die Farbe der Frucht geweckt. Impulsiv streckt das Kind die Hand danach aus, will sich holen, was ihm gefällt.

Kinder machen es uns vor: Jeder Mensch darf für sich das Beste wollen.

Der Impuls, spontan nach den Dingen zu greifen,

die verführerisch und schön aussehen, ist bei Kindern noch unverdorben.

Sie tun es einfach! Sie glauben, sie bekommen und verdienen nur das Beste.

Erwachsene haben diese Spontaneität verlernt.

Wir trauen uns oft nicht mehr, diesem Impuls zu folgen.

Glauben wir etwa nicht mehr, dass wir das Beste verdienen?

Es ist eine persönliche Herausforderung,

nach dem Erreichbaren und Möglichen – nach dem Besten –

zu greifen und sich nicht mit weniger zufrieden zu geben.

Ich verdiene nur das Beste.

Kinderhände greifen nach allem, was reizvoll für sie ist. Sie gehen ganz selbstverständlich davon aus, dass sie es verdienen, das Beste zu bekommen.

Was Kinder betrifft, sind wir uns im Allgemeinen einig: Alle Kinder verdienen liebevolle Eltern, bestmögliche Fürsorge, optimalen Schutz, günstige Lebensbedingungen und die besten Entwicklungschancen. Aber wenn es um Erwachsene geht, gehen die Meinungen auseinander und viele haben Schwierigkeiten damit, sich selbst zuzugestehen, dass auch sie das Beste verdienen.

Was ändert sich? Steht es Erwachsenen nicht mehr zu, das Beste zu bekommen?

Während Kinder schutzbedürftig sind, müssen wir als Erwachsene selbst für uns sorgen. Wir sind in der Verantwortung, uns liebevoll zu begegnen, uns selbst zu schützen, unsere Lebensbedingungen zu gestalten und Entwicklungschancen zu nutzen. Wir haben selbst dafür zu sorgen, dass unser Leben wertvoll für uns ist. Darin spüren wir Würde und Sinn.

Ich betrachte es als ein natürliches Recht aller Menschen, für sich das Beste zu wollen. Mit dieser Haltung werten wir uns selbst auf: Wir gestehen uns zu, dass wir das Beste *wert* sind. Wir dürfen danach greifen, auch wenn wir immer nur das bekommen werden, was in unserer Reichweite liegt.

Diese Affirmation bringt uns mit unserem Selbstwertgefühl in Berührung.

Selbstwert kann wachsen, wenn wir uns selbst Liebe und Achtung schenken. Liebe ist ein umfassendes Gefühl, das uns zur annehmenden und wertschätzenden Begegnung mit uns selbst befähigt. Weil wir das Gefühl in uns spüren, können wir es zeigen, es teilen und mit dieser inneren Haltung auch anderen Menschen und der Welt begegnen. Durch unsere Liebe vermehren wir Achtung, Würde, und Respekt in unserem Leben - und im Leben anderer.

Nehmen wir uns selbst positiv wahr, erhält unser Selbstwertgefühl weitere Nahrung. Das ist das Beste, was wir für uns selbst tun können, und es ist eine der wichtigsten Voraussetzungen für ein glückliches und erfülltes Leben. Wir verdienen es!

Wenn du keine Strasse sein kannst, sei nur ein Pfad.
Wenn du die Sonne nicht sein kannst, so sei ein Stern.
Es ist nicht die Größe, nach der du siegst oder fällst.
Sei das Beste, was immer du bist."
(Douglas Malloch, 1877-1938, amerikanischer Schriftsteller)

Einladung zu einer Übung:

Sprechen Sie den Satz aus: „Ich verdiene nur das Beste."

Achten Sie auf Einzelheiten:

Sprechen Sie laut oder leise?

Klingt Ihre Stimme unsicher oder fest?

Gehen die Worte leicht oder schwer über Ihre Lippen?

Spüren Sie, dass Sie das Beste wert sind und dass Sie es verdienen?

Es geht mir von Tag zu Tag in jeglicher Hinsicht immer besser und besser.

Abendszene am Meer
Fort Myers Beach, Florida, USA

Die Sonne geht unter über dem Golf von Mexiko. Am Strand von Fort Myers Beach suchen Vögel in den auslaufenden Wellen nach Nahrung, trippeln mit dem ankommenden Wasser immer auf richtiger Höhe.

Die Sonne ist eine blendend weiße Kugel am Horizont, die auf magische Weise den gesamten Himmel rot färbt. Durch die starke Wasserspiegelung scheint sogar die Luft in rötliches Licht getaucht zu sein.

Sonnenuntergang. Lichtspiegelungen in rot.

Vögel im perfekten Rhythmus mit dem Ozean. Sanftes Meeresrauschen.

Es gibt Momente, da glaube ich es kann nicht mehr besser werden.

Diese Momente will ich immer wieder erleben.

Der bewusste Gedanke daran schenkt mir Kraft und die Zuversicht,

dass es mir gelingen wird. Immer besser und besser.

Es geht mir von Tag zu Tag in jeglicher Hinsicht immer besser und besser.

Émile Coué gilt als „Vater" der Autosuggestion. Als Arzt hat er seinen Patienten und Patientinnen empfohlen, Affirmationen zu sprechen, um sich selbst zu stärken. Sie sollten ihren Satz wie einen Rosenkranz „beten", mindestens zwanzig Mal, am Morgen vor dem Aufstehen und am Abend vor dem Einschlafen.

„Durch uns selbst bewirken wir, dass ein Gedanke in uns selber Wurzel fasst."
(Émile Coué, 1857-1926, französischer Apotheker und Begründer der Autosuggestion)

Er ging davon aus, dass das Unterbewusstsein einen großen Anteil an allen Gesundungsprozessen hat und jeder Patient sich selbst positiv beeinflussen kann.

Seine Erwartung wurde nicht enttäuscht, denn seine Erfolge bestätigten den richtigen Ansatz der Therapie. Wer fest an seine Chance der Genesung glaubt, hat bessere Aussichten gesund zu werden als jemand, der sich aufgibt.

Der Glaube ist nicht alles. Er alleine kann nicht gesund machen. Aber ohne den Glauben ist alles nichts. Wer aufgibt und nicht mehr glaubt, behindert seinen Gesundungsprozess. Selbst die Wissenschaft bestätigt heute einen eindeutigen Zusammenhang zwischen einer optimistischen, positiven Einstellung zu sich selbst und einem besseren körperlich-seelischen Wohlergehen.

Sind wir im Ungleichgewicht, helfen zielgerichtete positive Gedanken zu einer Balance zurückzufinden. Affirmationen sind ein Hilfsmittel, um unsere Gedanken bewusst wahrzunehmen und sie in eine unterstützende Richtung zu steuern. Mit einem *JA* zu uns selbst nehmen wir an, was ist - und schaffen damit die Voraussetzung zu möglicher Veränderung. Unsere Kraft verschwenden wir nicht länger im Widerstand gegen Unabänderliches. Wir lassen los. In der gewonnenen Ruhe wird neue Energie frei für heilsame Prozesse.

„Es geht mir von Tag zu Tag in jeglicher Hinsicht immer besser und besser." - Diese Affirmation Émile Coués betrifft den Menschen als Ganzes. Sie bezieht sich auf das körperliche Wohlbefinden, auf das seelische Gleichgewicht, auf die existenzielle Sicherheit und auch auf spezielle Ziele und Wünsche. Wir stärken damit unseren Glauben, dass unser Leben in jeglicher Hinsicht einen immer besseren Verlauf in dieser Welt nimmt.

Einladung zum Atmen und Spüren:

Es geht Ihnen in jeglicher Hinsicht immer besser und besser.
Lassen Sie den Satz wirken.
Spüren Sie nach. Sie brauchen sonst nichts zu tun, es ist ganz einfach:

Atmen Sie ruhig. Ein und Aus.

Es geht besser und besser. Von Tag zu Tag.

Einatmen - - - ausatmen.

Der Gedanke fließt - durch den Kopf - durch den Körper.

In jeglicher Hinsicht geht es besser.

Einatmen - - - ausatmen.

Es geht besser und besser, in jeglicher Hinsicht.

Loslassen, geschehen lassen.

Mehr und mehr

von Tag zu Tag

in jeglicher Hinsicht

immer besser und besser ...

Ist Ihnen das schon fast zu einfach? Ich meine, es kann nicht schaden, etwas Einfaches auszuprobieren. Sie haben nur zu gewinnen.

Alle Affirmationen auf einen Blick

Ich nehme mein Leben als Geschenk an.

Ich stehe für mich ein.

Ich bin bereit nachzugeben.

Herausforderungen des Lebens nehme ich an als neue Chancen.

Das Universum schickt mir, was ich brauche.

Ich habe alle Zeit, die ich brauche.

Ich habe Vertrauen.

Ich darf sein, wie ich bin.

Ich bin gut genug.

Ich kann anderen ihre Wahrheit lassen.

Ich vertraue meiner inneren Stärke.

Ich bin achtsam in jedem Augenblick.

Ich erkenne meine Ängste an.

Am Ende wird alles gut.

Ich kann meinen eigenen Weg haben.

Meine Gefühle machen mich menschlich.

Ich bin behutsam mit mir und mit anderen.

Ich bin unabhängig und erfolgreich.

Ich bin offen.

Mein Ziel findet mich.

Ich finde immer zu mir zurück.

Zwischen Himmel und Erde bin ich.

Ich lasse alle Masken fallen.

Ich lerne immer besser anzuerkennen, was ich nicht ändern kann.

Ich bin reich.

Ich erkenne mich an für das, was ich tue.

Es ist in Ordnung nicht zu wissen, wie es weitergeht.

Ich lasse Altes los und gewinne Neues.

Ich bin dem Leben gewachsen.

Was ich fühle, stimmt für mich.

Ich heiße Veränderung willkommen.

Ich nähre meine Beziehung.

Die Gegensätze des Lebens inspirieren mich.

Ich vertraue mich dem Fluss des Lebens an.

Ich lebe hier und jetzt.

Mein Leben liegt in meiner Hand.

Ich lasse es zu, gerührt und berührt zu sein.

Verzeihen schenkt mir inneren Frieden.

Ich bin kraftvoll.

Ich bin im Einklang mit der Natur.

Die Welt ist mir wohlgesonnen.

Ich bin flexibel.

Ich mache aus jedem Tag einen guten Tag.

Ich akzeptiere mich in meiner vollkommenen Unvollkommenheit.

Innehalten unterstützt mich.

Ich verlasse mich voll und ganz auf meine Sinne.

Ich finde große Freude in kleinen Ereignissen.

Alles ist für etwas gut.

Ich nehme mir Zeit für das Wesentliche.

Meine Seele ist frei.

Ich wage es, mich zu zeigen wie ich bin.

Ich kann zulassen, was ist.

Ich bin mutig.

Ich tue das gerne, was ich tun muss.

Ich bin ruhig und gelassen.

Ich bin präsent.

Ich habe meinen Platz im Leben.

Ich bin bereit, mich anderen zuzuMUTen.

Es finden sich Lösungen für all meine Probleme.

Ich gebe zu jedem Zeitpunkt mein Bestes.

Ich spüre meine Kraft täglich neu.

Ich finde mein Gleichgewicht stets neu.

Ich verdiene nur das Beste.

Ich achte und respektiere mich.

Es ist wie es ist.

Ich achte auf meine Intuition.

Voller Energie verfolge ich meine Ziele.

Das Leben ist schön.

Mein Leben ist friedvoll.

Mir geht es von Tag zu Tag in jeglicher Hinsicht immer besser und besser.

Die Reise fortsetzen

Sich selbst bewusst wahrzunehmen und dem Leben positiv zu begegnen, ist eine Lebenseinstellung.

Es ist ein Prozess, der andauert solange wir uns weiterentwickeln. Mit Affirmationen gelingt es leichter, unsere Gedanken im Gewahrsein zu halten und uns immer wieder neu selbstanerkennend und zugleich angemessen selbstkritisch auf unserer Lebensreise von Ort zu Ort, von Ziel zu Ziel zu bewegen.

Sie wagen Ihr Leben, Sie verlassen Ihr Haus.

Gestärkt können Sie Ihre Reise fortsetzen zu den Orten, die für Sie eine Bedeutung haben.

Jedes Kapitel in diesem Buch wird von einer äußeren (körperlichen) und inneren (geistigen) Grundhaltung eingeleitet. Nehmen wir diese Haltung ein, lässt sich bereits mit dem Körper eine Grundstimmung der nachfolgenden Gedanken erahnen. Durch eine äußere Haltung kommen uns innere Aspekte zu Bewusstsein, Körper und Geist korrespondieren eng miteinander. Körperbewusstsein in Verbindung mit Affirmationen wird im Yoga genutzt, um Konzentration positiv zu bündeln. Diese Verbindung ist mir in dem erleichterten Sonnengruß von Martha M. Fritsch begegnet. Ich habe in dessen Struktur einen Rahmen für meine Ideen gefunden.

Ich gebe Frau Fritsch in diesem Buch im Gegenzug nun auch einen Rahmen, die Bewegungsreihe vorzustellen. Im nächsten Teil zeigt und beschreibt Frau Fritsch jede einzelne Position und den gesamten Ablauf der Reihe für diejenigen unter Ihnen, die selbst Yoga üben oder diesen erleichterten Sonnengruß mit Affirmationen ausprobieren möchten. Die Bewegungsabfolge ist leicht zu merken und nachzumachen.

Frau Fritsch vermittelt uns eine Idee, was Yoga für uns sein kann und teilt mit Ihnen die Schätze, die sie in den Yogahaltung des erleichterten Sonnengrußes entdeckt.

Ich wünsche Ihnen viel Freude beim Lesen des Beitrages von Frau Fritsch und beim Ausprobieren der Bewegungsreihe.

Teil 3

Gruß an die Sonne

Ein Beitrag
von Martha M. Fritsch

Sich bewegen mit Affirmationen

Mantra

Von der Fülle
Nimmst du die Fülle,
bleibt doch die Fülle zurück.

Fülle hier, Fülle dort, Fülle da,
dieses, jenes,
Fülle hier, Fülle dort, Fülle da,
diesseits, jenseits.

Von der Fülle
nimmst du die Fülle,
bleibt doch die Fülle zurück.

Fülle ist
Dieses, jenes,
Fülle hier und dort,
nimmst du von der Fülle die Fülle,
bleibt doch die Fülle zurück.
Fülle ist
Diesseits, jenseits,
Fülle hier und dort,
nimmst du von der Fülle die Fülle
bleibt doch die Fülle zurück.[1]

Dieser Liedtext von der Fülle, angelehnt an eine uralte Weisheit aus dem Yoga, passt gut zu meinem Verständnis von Yoga. Auf meinem Entwicklungsweg des Yoga habe ich gelernt, von der Fülle aus zu denken, anstatt vom Mangel auszugehen. Alles ist da, gleichgültig ob es gerade sichtbar hervortritt oder versteckt ist. So wie der natürliche Kreislauf der Pflanzenwelt mit Gewissheit nach dem „Wegnehmen der Fülle" - dem Abfallen der Blätter, der Auflösung in Schlamm und Erde - wieder neues Leben, Wachstum, leuchtende Blüten und nährende Früchte hervorbringen wird, so können wir auch in unserem sozialen und emotionalen Leben darauf vertrauen, dass das Leben uns spiralig weiterführt. Wir durchlaufen immer wieder neu Zyklen von Schwächen und Stärken, Verlusten und Geschenken, Beschränkungen und Entfaltung. Die Übungspraxis des Yoga kann helfen, sich eine Einstellung von Akzeptanz und Dankbarkeit dem Leben gegenüber anzueignen.

[1] Text eines Mantras, das ich im Frühjahr 2008 entwickelte und gerne singe. Der Text ist angelehnt und inhaltlich identisch mit einem der ältesten Mantren aus dem Yoga, aus der Isa-Upanishad. Es wird häufig von Yoga-Praktizierenden im Sanskrit-Text rezitiert.

Yoga bedeutet vom Wort her Anjochen, Anbinden. Im Yoga verbinden wir verschiedene innere Anteile in uns selbst, und wir verbinden uns auch mit größeren, universellen Kräften. Yoga zielt darauf, Körper, Geist und Seele miteinander in Einklang zu bringen und bietet zugleich Wege an, unsere innere Welt als einen Teil des unendlichen Kosmos zu verstehen.

Die praktische Übungsweise des Yoga folgt dem natürlichen Wechsel zwischen Aktivität und Ruhe, Tag und Nacht, Anspannung und Entspannung. So wie die Sonne auf- und untergeht, stehen wir auf, um aktiv zu sein, und ziehen uns wieder zurück, um uns zu erholen. Die natürliche Fähigkeit, sich in einer Aktivität zu erholen, wird im Yoga kultiviert. Übende können unterschiedliche Effekte mitnehmen: Die gleiche Dehnung in einer Übung kann den einen Menschen wach, den anderen ruhig machen.

Yoga hat sich bewährt als Strategie zur Stressbewältigung. Wenn unsere Balance gestört ist, wenn wir in die Extreme von Überaktivität oder Antriebslosigkeit geraten, lehrt uns Yoga, unsere Natur zu achten. In unserem Nervensystem stecken noch Reaktionsmuster für bedrohliche Situationen, die unsere Vorfahren zum Überleben in der Wildnis brauchten. In Belastungs- oder Krisensituationen reagieren wir häufig heute noch körperlich übertrieben. Zum Beispiel spannen wir uns an, als müssten wir einen körperlichen Angriff abwehren, und nehmen diese Spannung mit in nachfolgende Situationen, anstatt sie nach der „Gefahr" aufzulösen. Energie und Kraft in den Muskeln werden zur Verspannung. Wir bleiben erregt.

Mit Yogaübungen schenken wir diesen Mechanismen Aufmerksamkeit. Wir simulieren in den aktiven, gedehnten Haltungen Kampf- oder Fluchtreaktionen, nehmen diese Anspannung aber bewusst wieder zurück, wenn wir die Übung beenden, nachspüren oder in eine Ausgleichshaltung gehen.

In einigen Yogahaltungen ahmen wir Lebewesen nach, die sich dem Kampf stellen, die ausweichen oder sich zurückziehen und tot stellen. Diese Stressmuster der Tierwelt für höchste Krisensituationen nutzen wir im Yoga kreativ und lebensfördernd zum Innehalten, Entspannen und Regenerieren. Wir nutzen diese Energien bewusst und verwandeln sie in Ressourcen.

Zahlreiche Übungen im Yoga fördern Fähigkeiten, die wir beim Auflösen von Stress oder Krisen ganz direkt benötigen: Beispielsweise lässt sich Flexibilität auf spielerische Art mit Drehübungen fördern, Partnerübungen trainieren Einfühlungsvermögen, Reaktions- und Orientierungsfähigkeit können wir mit Gleichgewichtsübungen stärken. Atembeobachtungen schenken Konzentration und Selbstakzeptanz. Yogaelemente lassen sich daher auch hilfreich in Psychotherapie und psychosozialen Arbeitsfeldern einsetzen.

Mit Yoga und Affirmationen die eigenen Ressourcen erweitern

Yoga ist ein Weg, der viel Freiheit lässt. Je nach Lebenssituation oder Interesse setzen Übende den Schwerpunkt auf körperliche oder psychische Gesundheit, oder sie setzen sich mehr mit ethischen und philosophischen Hintergründen auseinander. Ich habe diese Offenheit und Vielfalt des Yoga im Laufe meines bisherigen Yogaweges schätzen gelernt, habe mich für neue Themen geöffnet und dabei reiche Schätze in mir entdeckt. Ich freue mich, mit der beschriebenen Übungsreihe selbst zur Bereicherung des Yoga beizutragen.

Eine der bekanntesten Übungen aus dem Yoga ist der „Gruß an die Sonne". Dies ist eine Bewegungsabfolge vom Stand zum Boden und wieder nach oben. Sie wird im Unterschied zu den bekannten klassischen Yogahaltungen dynamisch geübt, im Atemrhythmus von einer Position in die nächste wechselnd. Sie bezieht den gesamten Körper ein und eine Vielzahl von Muskeln, Knochen, Gelenken, Organen und Nervenbahnen werden stimuliert. Sie regt den Stoffwechsel an. Der Sonnengruß kann die Stimmung anheben und die Empfindung hervorrufen, dass sich Wärme, Licht und Lebensenergie der Sonne im Körper ausbreiten.

Viele Menschen sind von der rhythmischen Übungsweise angesprochen und fühlen sich motiviert, sich die Reihenfolge zu behalten, um im eigenen Bewegungsfluss üben zu können. Die erleichterte Sonnengruß-Variante „Ich bin da" habe ich kreiert, um diesen Bedürfnissen entgegenzukommen und noch leichter die Erfahrung fließender Bewegung zu ermöglichen. Der Charakter des Wechselns wie beim Auf- und Untergehen der Sonne bleibt erhalten.

Wir können in den Haltungen dieser Übungsfolge symbolisch unterschiedliche Aspekte unseres Seins erleben. Wir verwandeln uns in diesem Ablauf von einem aufrecht stehenden erwachsenen Menschen in ein auf der Erde kauerndes, eingerolltes, embryonal anmutendes Wesen. Wir erfahren darin den fortwährenden, wiederholten Wechsel zwischen einem Sich-Öffnen zur Sonne und zur Welt und einem Sich-Schließen, in dem wir uns der Erde zuwenden. Wir durchlaufen über mehrere Zwischenpositionen einen Kreislauf von Abwarten, Orientieren, Aktivität, Kontakt zur Welt, Rückzug, Ausruhen, Neuorientierung und bewusstem Einsatz der eigenen Kräfte. In den Körperhaltungen erfahren wir wechselnde Einstellungen dem Leben gegenüber und können typische Stimmungen, wie sie uns auch im Alltag begegnen, erleben.

Als Gesundheitspädagogin bringe ich Yogaelemente auch in gesellschaftliche Bereiche, in denen Entspannung und Atempausen besonders dringend gebraucht werden. In Seminaren für Betriebe, oft mit MitarbeiterInnen, die selbst viel mit Menschen arbeiten oder in helfenden Rollen tätig sind, verbinde ich Kenntnisse aus der Stressforschung mit Yoga. Ich habe die

Erfahrung gemacht, dass diese im Beruf sehr engagierten und motivierten Menschen mit Staunen und Freude reagieren, wenn sie sich mit kleinen Übungen ihrem eigenen Körper zuwenden.

Konzentration, Ausdauer, engagierter Einsatz, Teamfähigkeit, klare Selbsteinschätzung - Qualifikationen, die sich jeder Arbeitgeber von seinen MitarbeiterInnen wünscht - werden über Schulungen meines Erachtens leichter erreicht, wenn auch Körperlichkeit mit einbezogen wird und Gespräche und Wissensvermittlung ergänzt.

Auf der Suche nach Möglichkeiten, das Bewusstsein für psychische und soziale Fähigkeiten zu schärfen, habe ich die bewährte leichte Sonnengruß-Variante mit einigen Affirmationssätzen ergänzt. - Die Übungsreihe, auf der dieses Buch basiert, war geboren. Die sechs Sätze habe ich seit mehreren Jahren beibehalten und vielfach weitergegeben, bestätigt durch die Resonanz der TeilnehmerInnen.

Die Gleichzeitigkeit von gedachten oder gesprochenen Sätzen und körperlichem Tun bringt Körper, Geist und Seele über den Atem in Einklang. Dies ist ein sehr direkter Weg, die Yogapositionen als Ausdruck grundlegender menschlicher Verhaltensmöglichkeiten zu erleben. So kann über die äußere auch die innere Haltung weiterentwickelt werden. Wir können damit sogar unsere Bereitschaft fördern, das eigene Verhaltensrepertoire zu erweitern, ja, ungewohnte oder neue Verhaltensmuster auszuprobieren.[2]

Der Affirmationssatz ist ein Angebot, die Übung zu vertiefen, denn er lädt zu verstärkter Selbstwahrnehmung ein. Die klaren, präzisen und positiven Formulierungen lassen genug Freiraum für eigenes Erleben und Erkennen. Die Ich-Sätze mit Verben in der aktiven Form vermitteln den Übenden die Botschaft, dass sie selbst die GestalterInnen und SchöpferInnen ihres Lebens sind. Sie erinnern an schlummernde, verkannte oder abgelehnte Potenziale. Sie laden ein, sich diese Ressourcen anzueignen.

Gedanken sind Energie. Affirmationen sind machtvoll, weil durch sie die Energie eines konkreten Gedankens in den Vordergrund rückt, er wird fassbar und wirkt positiv in unser Handeln hinein. Schlichte Sätze werden so zu einer Bereicherung unseres Lebens.

[2] Leser, die dieses Thema vertiefen möchten, finden eine reiche Quelle in dem Buch der Yogalehrerin Swami Sivananda Radha: Geheimnis Hatha-Yoga, Symbolik - Deutung - Praxis, Original 1987, Neuauflage Schirner Verlag, Darmstadt, 2006

Gruß an die Sonne – erleichterte Variante

1 Sammlungshaltung: „Ich bin da."
Stehe hüftbreit, die Füße parallel zueinander. Achte darauf, dass der Untergrund oder die Matte rutschfest ist. Übe mit nackten Füßen, das erhöht die Stabilität. Richte dein Becken auf, bewege deinen Steiß etwas nach unten vorne. Dehne deine Wirbelsäule sanft, strebe mit deinem Brustbein nach vorne oben und mit dem Hinterkopf nach oben. Lege die geschlossenen Handflächen aneinander. Übe leichten, gleichmäßigen Druck mit den gesamten Handflächen gegeneinander aus, ohne die Schultern zu verspannen. Spüre, wo deine Hände den Brustkorb berühren. Neige ein wenig den Kopf und lenke deine Aufmerksamkeit nach innen hinter das Brustbein.

2 Dehnung nach oben: „Ich stehe für mich ein."
Löse die Hände voneinander und führe die Arme im weiten Bogen über die Seiten nach oben. Die Arme sind schulterbreit voneinander entfernt, die Handinnenflächen schauen sich an. Lasse die Schultern entspannt sinken, während die Arme nach oben streben. Dehne dich, gib Druck mit den Fersen und Fußballen in den Boden hinein, lass das Steißbein nach unten ziehen - und wachse gleichzeitig nach oben. Probiere auch, dich leicht nach hinten zu dehnen: Hebe das Brustbein nach vorne oben, hebe das Kinn an, bewege Arme und Kopf leicht nach hinten. Achte darauf, dass es deinen empfindsamen Lendenwirbeln und dem Nacken dabei immer noch gut geht.

3 Vorbeuge: „Ich gebe nach."
Komme nun aus der langgedehnten Haltung in die Vorbeuge: Gehe mit langem, zunächst geradem Oberkörper aus der Hüfte heraus nach vorne. Halte dabei den Kopf zwischen den Oberarmen und lass die Hände weit nach vorne ziehen. Die Knie dürfen leicht gebeugt sein. Lass den Oberkörper bequem sinken, entspanne Rücken und Arme, lass den Kopf nach unten hängen.
(Bei hohem Blutdruck gehe mit dem Kopf nur bis zur Höhe des Beckens.)

4 Hund: „Ich bin in meiner Kraft."
In der Vorbeuge beuge die Knie so deutlich, dass du bequem mit den Händen den Boden erreichst. Setze die Hände schulterbreit außen neben den Füßen auf. Laufe mit gebeugten Knien nach hinten, strecke das Gesäß nach oben, lass den Kopf hängen. Gib viel Gewicht auf die Ballen, die Fersen dürfen sich vom Boden lösen.

5 Katze, die nach vorne schaut: „Ich sehe die Welt."
Bringe die Knie auf den Boden, lege die Fußrücken auf, lass Brustbein und Kinn nach vorne ziehen. Beuge etwas die Ellenbogen, bewege Ellenbogen und Schultern leicht

1 Sammlungshaltung	2 Dehnung nach oben	3 Vorbeuge	4 Hund	5 Katze, die nach vorne schaut
Ich bin da	*Ich stehe für mich ein*	*Ich gebe nach*	*Ich bin in meiner Kraft*	*Ich sehe die Welt*
ausatmen	*einatmen*	*ausatmen* *Schritt nach hinten, einatmen*	*ausatmen*	*einatmen*

mit Affirmationen zur Stressbewältigung

nach außen und nach hinten - so wird die Bewegung der Brustwirbelsäule leichter.
(Bei Schmerzen in den Handgelenken kannst du Hund und Katze auch anstatt auf den Handflächen mit aufgelegten Unterarmen üben.)

6 Kindeshaltung: „Ich ziehe mich zurück."
Bringe das Gesäß nach hinten in Richtung Fersen. Lege den Brustkorb auf den Oberschenkeln ab. Lass den Kopf sinken. Beuge die Arme leicht, lege die Unterarme ab, entspanne dich in den Schultern. Lege die Stirn auf den Boden.
(Wenn du einige Atemzüge in der eingerollten Haltung verweilen möchtest, lege Kopf und Arme noch bequemer. Die Stirn kann auf den Händen oder Fäusten liegen.)

7 Katze, die nach vorne schaut: „Ich sehe die Welt neu."
Dehne die Arme nach vorne, lege die ganze Handfläche in schulterbreitem Abstand auf. Übe mit den Händen leichten Druck aus und komme hoch in die Katze. Strebe mit Brustbein und Kinn nach vorne. Der Blick geht weiter nach vorne auf dem Boden, und dann nach vorne in die Welt. Spüre mit dem Brustbein nach vorne, während du den Kopf behutsam anhebst.

8 Hund: „Ich bin in meiner Kraft."
Stelle die Zehen auf. Löse die Knie vom Boden, bewege Beine und Gesäß weit nach oben und nach hinten. Anstatt der Fußzehen belaste nun vor allem die Ballen der Füße. Halte die Schultern breit und nutze die Kraft der gesamten Handfläche, als wolltest du die Matte nach vorne schieben.

9 Vorbeuge: „Ich gebe nach."
Beuge die Knie und laufe nach vorne, bis du bequem auf der gesamten Fußsohle stehen kannst. Löse die Hände vom Boden, lass den Kopf sinken und entspanne den Oberkörper.

10 Dehnung nach oben: „Ich stehe für mich ein."
Drücke die Füße kraftvoll in den Boden, beuge die Knie etwas und schiebe sie nach vorne. Hebe Kopf, Arme und Oberkörper, dehne dich nach oben, eventuell leicht nach hinten. (Bei Rückenschmerzen hebe zunächst nur Kopf und Oberkörper an und bringe erst danach die Arme in die Dehnung nach oben.)

11 Sammlungshaltung: „Ich bin da."
Lege nun über dem Kopf die Hände aneinander und führe sie vor dem Gesicht zurück bis vor den Herzbereich.

6 Kindeshaltung	7 Katze, die nach vorne schaut	8 Hund	9 Vorbeuge	10 Dehnung nach oben	11 Sammlungshaltung
Ich ziehe mich zurück	*Ich sehe die Welt – neu*	*Ich bin in meiner Kraft*	*Ich gebe nach*	*Ich stehe für mich ein*	*Ich bin da*
ausatmen	*einatmen*	*ausatmen* *Schritt nach vorne, einatmen*	*ausatmen*	*einatmen*	*ausatmen*

Praktische Hinweise und Anregungen

Zum Umgang mit der Bewegungsreihe

Sie können die Reihe als fließende Abfolge üben oder auch in einzelnen Haltungen verweilen. Je nach Übungsweise werden Sie recht unterschiedliche Ergebnisse erreichen. Wie immer im Yoga dienen die Übungen als Raster, das Sie Ihren eigenen Bedürfnissen und Möglichkeiten anpassen können. Schon zehn bis 20 Minuten Üben, am besten mehrmals wöchentlich, ist wirkungsvoll.

- Zum Vorbereiten: Eine leichte und effektive Möglichkeit ist das Ausschütteln des ganzen Körpers. Es lockert die Gelenke, bringt Ihre Energien ins Fließen und erwärmt. Auch das Abklopfen von Armen, Beinen, Gesäß, Bauch, Brust, Schultern, Kopf und Gesicht ist gut geeignet zum Warmwerden.
- Das vorwiegende Bewegungsmuster in der Reihe ist der Wechsel zwischen einer Rückbeuge und einer Vorbeuge der Wirbelsäule. So ergibt sich im Allgemeinen das Einatmen für die Rückwärtsbeugen, das Ausatmen für die Vorwärtsbeugen.
- Üben Sie den Sonnengruß mehrmals hintereinander und steigern Sie das Tempo. Erforschen Sie, wie viel Spannkraft, oder aber wie viel Weichheit in den gedehnten Muskeln Ihnen jeweils gut tut.
- Wenn Ihnen das Üben im Atemrhythmus zu schnell erscheint, nehmen Sie ganz frei weitere Atemzüge, bevor Sie in die nächste Haltung hineingehen.
- Sie können auch kleinere Abfolgen üben, zum Beispiel nur den stehenden Teil 1-2-3-2-1, der sich sogar bei kühlem Wetter in der Natur üben lässt, oder Sie bleiben einmal ganz nah am Boden und üben nur die Positionen 4-5-6-5-4.
- Wenn Sie in einzelnen Positionen innehalten, werden die Besonderheiten der jeweiligen Stellung deutlicher spürbar. Sie können die Empfindungen, Wahrnehmungen, Gedanken und Gefühle, die diese Haltung Ihnen bringt, vertiefen.
- Sie können die Haltungen auch einzeln üben und mit eigenen kleinen Bewegungen und Variationen lebendiger werden lassen.
- Am leichtesten können Sie Yogaübungen kennenlernen, wenn Sie einen Kurs besuchen. Bei körperlichen Einschränkungen oder Beschwerden gibt es viele Möglichkeiten, einzelne

Übungen weiter zu erleichtern oder zu variieren. Hinweise finden Sie auch in den obigen Übungsbeschreibungen.

- Zum Nachwirken lassen: Gönnen Sie sich nach aktiven Übungen immer einige Minuten der Entspannung. Dies kann im Liegen, in einem Meditationssitz oder auch stillstehend geschehen.

Zum Zusammenspiel von Bewegung und Affirmationen

- Die sechs grundlegenden Affirmationen, beginnend mit „Ich bin da." können Sie in Gedanken während der Übungen sagen. Wenn Sie die Affirmationssätze laut sagen, nehmen Sie einen Atemzug mehr für jede Übung.
- Beim Üben mit anderen kann das gemeinsame laute Sprechen eine Stärkung sein. Am besten spricht jemand vor und die Gruppe wiederholt die Affirmation.
- Finden Sie über das Verweilen in ungewöhnlichen Körperhaltungen Ihre eigenen Affirmationen - fassen Sie Ihre sinnlichen Wahrnehmungen und Empfindungen in Worte.

Eine Möglichkeit, die Affirmationskarten „Ich bin da" von Konstanze Quirmbach zu nutzen:

Ziehen Sie nach dem Üben eine Karte aus dem Stapel mit der Körperhaltung, die Sie dieses Mal am direktesten angesprochen und berührt hat. Nehmen Sie Ihren Körper und Ihre momentane Gestimmtheit wahr. Bei weiteren Bewegungen oder in der Zeit des Nachspürens und Nachsinnens, können Sie das jeweilige Bild oder den neuen Gedanken auf dem Bild in sich hineinwirken lassen.

Die Schätze in den Yogahaltungen

1 Ich bin da Sammlungshaltung

Präsent sein – sich bereitmachen – sich in eine achtsame Stimmung versetzen

Ich bin da, ich komme bei mir an, ich unterbreche mein tägliches Tun, lege meine Hände zusammen und halte inne.

Vielleicht legen Sie gerne die Hände wie für ein Gebet zusammen, vielleicht spüren Sie auch gerade deswegen eine Hemmschwelle? Die Haltung lädt uns ein, die Aufmerksamkeit zum Brustbereich und zum Herzen zu lenken. Wir berühren mit Teilen unserer Hände und Unterarme diesen persönlichen und emotionalen Bereich. Wir Frauen können uns auf diese Weise auch in Kontakt mit unseren Brüsten bringen.

Der Name Sammlungshaltung beinhaltet das Einsammeln, das Zusammenbringen unterschiedlicher Dinge, die vorher verstreut waren. Das Wort „sammeln" erinnert an die frühgeschichtliche Sammlerin. Ihre Aufgabe war es, Wertvolles von Unverträglichem zu unterscheiden.

In dieser Yoga-Haltung nehmen wir uns die innere Welt als Sammelobjekt vor: wir bringen die Aufmerksamkeit zu Vorgängen, die hinter dem Brustbein spürbar sind. Wir erforschen unseren Atem, erahnen unseren Puls und Herzschlag. Wir schenken den Gefühlen Beachtung. Wir sagen uns mit dieser Geste: Ich bin es wert, mich um mich selbst zu kümmern, mein Innen-leben anzuschauen, mir eine Zeit für mich zu nehmen.

Indem ich diese nicht alltägliche Haltung einnehme, mache ich mich bereit für etwas Besonderes. Ich besinne mich auf mich und eröffne den inneren Dialog. Diese liebevolle und freundliche Selbstzuwendung ist eine Form von Liebe, die in einem zentralen Yogatext „Maitri"[1] genannt wird. Wir sind in dieser Haltung zentriert auf den Herzbereich. Im alten Wissen des Yoga wird das Herzzentrum mit der Fähigkeit in Verbindung gebracht, Liebe und Mitgefühl zu entwickeln.[2]

Mit dieser Haltung von Selbstzuwendung üben wir eine Strategie ein, die in Stresssituationen wirksam werden kann. Sie ermöglicht uns Selbstreflektion.

Wir stehen still in dieser Übung, entscheiden uns innezuhalten.

Kann ich stillstehen?

Kann ich ein Gefühl von Innigkeit, von Selbstzuwendung aufkommen lassen?

Bin ich es mir wert, jetzt nur für mich selbst da zu sein?

2 Ich stehe für mich ein Dehnung nach oben

Sich in voller Größe zeigen - sich mit der Welt auseinandersetzen - Anliegen auch gegen Widerstände vertreten

Diese Bewegung lädt uns ein, lebendig aus uns herauszugehen wie Kinder, die ihre Arme vor Freude in die Luft werfen und aufspringen. Mit dem Hochheben der Arme fließt die Energie vom Herzen aus aufwärts. Der Blick wird nach vorne oben und weit über die Horizontlinie gelockt. Das Herz pumpt verstärkt, der Atem erreicht die Lungenspitzen, der Bauch dehnt und strafft sich. Die Beweglichkeit der Schultern wird geübt und - vor allem, wenn wir uns auch nach hinten dehnen - die Elastizität der Wirbelsäule im Brust- und Nackenbereich wird gestärkt.

Die Übung verlangt von unserem Organismus, Spannkraft von den Füßen bis zu den Fingerspitzen zu halten, Kräfte gut einzuteilen. Wir brauchen einen sicheren Stand, wenn wir uns dehnen.

In der Bewegung steckt auch Polarität: Wir sind aktiv und wach, bereit für Neues, jedoch ohne die Bodenhaftung zu verlieren. Beim Dehnen oder Aufbiegen nach Oben geben wir das stabile Stehen auf den Füßen nicht auf.

Die Dehnung nach oben wird von manchen Yogaübenden auch „Palme" genannt. Die Palme ist schlank, aufstrebend, standfest und gut verwurzelt. Lebendig bis in die obersten Spitzen. Geerdet, ohne starr zu werden, und bereit, sich mit dem Wind zu bewegen, sich aufzubiegen und dem Sonnenlicht entgegenzuwachsen. Die Haltung der Palme kann uns vermitteln, dass wir noch ungeahnte Möglichkeiten haben, über uns selbst hinauszuwachsen.

Macht es mir Freude, vollen Einsatz für mich selbst zu zeigen, Trägheit zu überwinden?
Setze ich mich offen, aufmerksam und interessiert auseinander mit dem, was mir begegnet?
Kann ich eine gesunde Portion Aggression aufbringen, um meinen Platz in der Welt einzunehmen und meinen Standpunkt zu vertreten?

Anmerkungen zu Seite 244

[1] Patanjali, Yoga-Sutra 1,33
Dieser Yogaleitfaden ist ca. 2000 Jahre alt und enthält mit seinen komprimierten Lehrsätzen psychologische Anleitungen.
Die Schrift wurde und wird von mehreren Kommentatoren und Übersetzern erschlossen.

[2] Zum Weiterlesen: Informationen finden Sie u.a. bei Fell-Hagen, Monika: Yoga für 50 +, Yogapraxis mit den Chakren, Kösel-Verlag, München 2006

3 Ich gebe nach Vorbeuge

Abwarten können - den Kampf aufgeben - loslassen - sich verbeugen

Nun erwartet uns ein echter Gegenpol: Auf dem Weg in die Vorbeuge sind wir noch in einer aktiven Spannkraft und bringen den Oberkörper aus der Hüfte heraus weit nach vorne. Nähern wir uns dem Boden, lässt die Spannung mit dem Ende der Ausatmung nach. Wir überlassen uns passiv der Schwerkraft. Oberkörper und Kopf dürfen bequem nach unten hängen, während der Kreislauf gefordert ist, sich zügig auf die veränderte Situation umzustellen.

Die Knie können weiter nachgeben, um den Dehnzug harmonisch über Beinrückseiten, Gesäß und Rücken zu verteilen. So werden die Lendenwirbel entlastet, die Muskulatur, die zuvor für die Aufrichtung der Wirbelsäule zuständig war, ist jetzt zum Erholen eingeladen. Bauch und innere Beckenorgane erhalten durch die Vorbeuge eine sanfte Druckmassage.

In dieser Haltung neigen wir Kopf und Hände der Erde und ihrer tragenden Kraft zu. So „verneigt", können wir innerlich beobachten, ob wir Demut vor den universellen Kräften des Lebens empfinden können, vor Dingen, die größer sind als wir selbst und die wir nicht oder noch nicht verstehen.

Einer der Namen für diese Übung ist „Friedenshaltung". Die tiefe Verbeugung zeigt, dass wir bereit sind, einen Standpunkt aufzugeben, auch andere Gesichtpunkte zuzulassen. Frieden schließt den Respekt vor den Interessen anderer Menschen ein, aber auch vor eigenen Anliegen. Wir können anschauen, wie sehr wir im Frieden mit uns selbst sind und ob es uns gelingt, innere Spannungen in Harmonie zu bringen.

Das Vorbeugen entspricht einem der spontanen Reaktionsmuster: Wir weichen aus.

In dieser Haltung lassen wir buchstäblich den Kopf hängen, kommen vielleicht auch in Berührung mit Gefühlen von Schwäche, Trägheit oder Handlungsunfähigkeit.

Wir setzen uns mit der starken Dehnung in Beinen und unterem Rücken auseinander. Lassen sich die Oberschenkelrückseiten auf die Dehnspannung ein? Langes Sitzen verkürzt die Muskeln, sie brauchen viel Zeit, um lebendig zu werden. Es hilft, immer wieder die Knie leicht zu beugen und dann erneut behutsam etwas mehr Streckung entstehen zu lassen.

Kann ich mich der Natur annähern und mich ihr anvertrauen?

Kann ich Handlungsunfähigkeit in Ruhe verwandeln und neue Energie entwickeln?

Bin ich geduldig mit mir und gebe mir Zeit?

4 Ich bin in meiner Kraft Hund

Mit allen Sinnen auf der Erde ankommen – die Welt umgekehrt sehen – Körperkräfte spüren

Diese Ganzkörperdehnung erfordert klare Struktur und Präzision bei höchster Beanspruchung.

Wir verteilen das Gewicht gleichmäßig auf den vier „Pfoten", stehen auf breiten Handflächen und drücken die Fußballen in die Erde. Im Leben schätzen wir es, wenn eine Sache „Hand und Fuß" hat – hier üben wir ganz direkt, mit Händen und Füßen zu arbeiten, und von diesen Kräften ausgehend, uns in die Haltung hineinzudehnen.

Die Übung lädt ein, die Ausdauer des Hundes nachzuempfinden, dem treuen Begleiter des Menschen, der sich dehnend auf seine Aufgaben vorbereitet. Die Haltung führt uns voll und ganz in den Augenblick, wir vertiefen uns im kraftvollen Halten der Spannung.

Es handelt sich um eine Umkehrhaltung – das Gesäß ist oben, während der Kopf nach unten hängt. Er wird schwer und erwärmt sich durch mehr einströmendes Blut. Die Umkehrhaltung kann den Kopf erfrischen, das Aushängen wird die Nackenwirbel dehnen und entlasten. So kann die Übung dazu beitragen, wach und konzentrationsfähig zu werden, präsent für neue Aufgaben.

Umkehrhaltungen sind ein wenig verrückt: Wir sehen die Welt von unten und auf dem Kopf stehend. Die Haltung fordert uns, trotz dieser Irritation mit wachen Sinnen den Überblick zu behalten, unsere Kräfte gut einzuteilen und unsere Selbsteinschätzung zu schärfen. Die Übung kann uns zu der Frage anregen, ob wir unsere Fähigkeiten und besonderen Gaben wirklich leben und einsetzen.

Wenn wir mehrere Momente in der Stellung bleiben möchten, nehmen wir uns Zeit, die besten Abstände zwischen allen vier tragenden Punkten zu erproben – wie ein Tier, das den eigenen Platz auf dem Boden abgeht, bevor es sich niederlässt. So können wir unsere Kräfte optimal nutzen, ohne einen Teil zu überlasten.

Kann ich genau unterscheiden, was ich brauche, was mir schadet, was schmerzt oder was wohltuend ist?
Bei welchen Arbeiten und Begegnungen kann ich mit Überzeugung sagen, dass ich ganz da bin und meine Talente lebe?

Kann ich Ausdauer entwickeln und auch unter verwirrenden Umständen bei mir bleiben?

Glaube ich an meine Kraft? Kann ich entdecken, was ich alles vermag, wenn ich meine Kräfte gut einsetze?

5 Ich sehe die Welt – neu Katze, die nach vorne schaut

Geschmeidigkeit – sich behutsam bewegen – lernen – eine neue Sichtweise finden

In diese Bewegung kommen wir fast von selbst hinein, wenn wir auf die Knie sinken. Die Wirbelsäule rollt sich von Natur aus auf und führt den Kopf nach vorne, egal ob wir aus der Hundstellung kommen oder uns aus der eingerollten Kindeshaltung wieder erheben. Es ist eine Übung, die nach weichen, fließenden Bewegungsabläufen ruft.

Wir geben Enge und Zusammengezogenheit auf: Wir beugen die Ellenbogen leicht, bewegen sie nach außen und gewinnen Freiraum für den Brustkorb. Das Brustbein schiebt sich nach vorne, es entsteht mehr Breite im Bereich der Schlüsselbeine. Die Schultern streben nach hinten, die Schulterblätter drücken massierend auf die Rückenmuskeln, was erwärmend und entspannend wirkt. Nun kann sich der Kopf achtsam vortasten. Wir erweitern den Gesichtsradius, schauen vom Boden weg weiter nach vorne und nehmen einen größeren Ausschnitt der Welt wahr.

Auch diese Haltung trägt den Namen eines Tieres. Was können wir von der Lebensweise der Katze lernen? Katzen dösen stundenlang zusammengerollt an kuscheligen Plätzen. Sie suchen Geborgenheit, Zärtlichkeit und Nähe, schmiegen sich schnurrend an. Erwacht aber ihr Jagdtrieb, spannt sich ihr Körper und sie lauern mit wachen Sinnen, um blitzschnell zuzuschlagen. Nach Momenten höchster Anspannung und Aktion, verwandeln sie sich wieder in das verspielte Kätzchen. Keine Energie wird verschwendet. Nach einem „Kampf" lässt die Katze sofort wieder in ihrer Spannung nach, hält die anstrengende Position keine Sekunde zu lang.

Für uns Menschen ist ein ähnlich natürlicher Wechsel zwischen Anspannung und Erholung oft erschwert oder sogar blockiert. Häufig halten wir an alter, innerer Spannung oder an alten Werturteilen fest und verspannen uns dadurch auch körperlich. Der natürliche, öffnende Bewegungsablauf dieser Yogaübung führt an ein Reservoir von Stresslösungen heran: Mit unseren Sinnen nehmen wir Eindrücke aus der Wirklichkeit auf, wir sind ganz wach, sensibilisieren uns für den jeweiligen Augenblick, erfahren uns unmittelbar. So können alte, früher gespeicherte Sinneseindrücke an Wichtigkeit verlieren. Der offene Blick auf die Welt fördert unsere Klarheit.

Bin ich offen und vertraue meinen eigenen Wahrnehmungen?

Kann ich mir Neues unvoreingenommen anschauen?

Kann ich interessiert, vorurteilsfrei und neugierig auf Situationen zugehen?

6 Ich ziehe mich zurück Kindeshaltung

Geborgenheit - Stille - Innenschau - sich anvertrauen

Endlich ganz auf der Erde angelangt! Endlich Ruhe, Passivität, Erholung! Für Momente alles loslassen, alle Pflichten vergessen dürfen!

Im Ablauf der Bewegungsreihe stellt diese Position einen Ruhepunkt dar. Sie lädt ein, uns niederzulassen, nachzulassen in der Spannung, etwas aufzugeben von der Spannkraft und Haltekraft aktiver Stellungen. Für den Moment des Ausatmens können Arme und Schultern bequemer werden, der Kopf sinkt und der Rücken wird passiv gedehnt in einem langgezogenen Bogen. Wir ziehen uns zurück, ziehen unsere Aufmerksamkeit von der Welt um uns herum ab und richten sie nach innen. Vielleicht empfinden wir etwas von der Geborgenheit des Kindes im Mutterschoß, während wir in dieser eingerollten Position sind.

Wenn wir uns entscheiden, für mehrere Atemzüge in der Kindesstellung zu verweilen, können wir noch tiefer eintauchen. Bei Bedarf kann die Stellung noch bequemer werden, wenn wir die Hände unter die Stirn legen. Wir lassen Spannung aus Rücken, Beinen, Armen und Kopf nach unten in den Boden abfließen. Wir schließen die Augen, die Augenbewegungen verlangsamen sich. Das Denken kommt zur Ruhe, das ständige Reagieren auf äußere Reize wird unterbrochen. Wir schauen, lauschen und fühlen nach innen.

Die Kindeshaltung kann auch Widerstände hervorrufen: Vielleicht fühlen wir uns beengt, opponieren innerlich gegen die Einschränkung des Gesichtsfeldes und des Handlungsspielraums, sind erinnert an Situationen in unserem Leben, in denen wir uns hilflos, ohnmächtig oder gelähmt fühlen. Die Übung hilft, auch solche Gefühlslagen und Verhaltensweisen als Facetten des Lebens anzunehmen, die uns Wege öffnen können für das zu sorgen, was wir brauchen: Schutz, Sicherheit, Hilfe oder Erholung.

Die Kindeshaltung ist der Wendepunkt in der Bewegungsreihe. Haben wir uns auf den Rückzug eingelassen, werden wir nach der Ruhephase mit gestärktem Vertrauen einen neuen Zyklus der Entfaltung beginnen. Mit Freude und Lebendigkeit können wir aus uns herausgehen.

Nehme ich mir Zeiten des Rückzugs und der Erholung?

Schenke ich meinen Bedürfnissen nach Geborgenheit und Schutz Beachtung?

Kann ich abwarten, mich auf die Beengtheit einlassen - und sie in eine Atempause verwandeln?

Drei Säulen auf dem Weg

Gib mir die Gelassenheit, Dinge hinzunehmen, die ich nicht ändern kann,
den Mut, Dinge zu ändern, die ich ändern kann,
und die Weisheit, das eine vom anderen zu unterscheiden.

Dieses bekannte Gebet, auf das sich auch Konstanze Quirmbach in einem ihrer Texte bezieht, nutze ich gerne in meiner Arbeit und zitiere es in Seminaren. Es bringt eine Sichtweise auf den Punkt, die auch dem Verständnis des Yoga entspricht.

Im Yoga werden drei ethische Regeln, drei Säulen, im Umgang mit sich selbst besonders betont: Einsatz (tapas), Selbststudium (svadhyaya) und Hingabe (isvara pranidhana).[1]

Die erste Säule ist Hingabe (isvara pranidhana). Dies kann Hingabe an Gott oder an eine höhere Macht meinen, lässt sich aber auch schlicht als Offenheit verstehen. In der Sonnengrußreihe können wir diese Qualität im Sinne von Geduld und Selbstakzeptanz üben. Wir können lernen, unsere Grenzen anzunehmen und uns vertrauensvoll dem zu überlassen, was auf uns einwirkt, ohne dass es von unserem Willen dirigierbar ist.

Die zweite Säule ist das Selbststudium. In einer lernenden, forschenden Haltung uns selbst gegenüber verfeinern wir unsere Wahrnehmung und eignen uns Wissen aus eigener oder fremder Quelle an. Die achtsame Selbstzuwendung, mit der wir in die Bewegungsreihe hineingegangen sind, hat uns durch die gesamte Reise begleitet und sich weiter vertieft.

Hinzu kommt als dritte Säule der Einsatz: Energie, Leidenschaft und Disziplin, die wir aufbringen müssen, um unseren Zielen näher zu kommen. Einige Übungen der Sonnengrußreihe benötigen deutlichen Kraftaufwand, Genauigkeit und Zielstrebigkeit, geben also viel Gelegenheit, sich in Disziplin zu üben und aktiv Energie einzusetzen.

[1] Patanjali, Yoga-Sutra 2,1

Die Abfolge der Sonnengruß-Bewegungsreihe lädt uns ein, die drei grundlegenden Qualitäten Einsatz, Selbststudium und Hingabe zu entwickeln und in einem gewissen Gleichmaß zu halten. Auf gleich hohen Säulen lässt sich eine ebene Plattform für ein stabiles Haus bauen. Wenn eine Säule wächst, muss auch die andere wieder nachwachsen. Der Sonnengruß, bzw. die hier vorgestellte Variante, fördert grundlegende Ressourcen des Menschen und hilft, sie im Gleichgewicht zu halten. Ein Kreis kann sich schließen: Indem wir uns liebevoll uns selbst und der Welt zuwenden und uns durch positive Sätze selbst unterstützen, entdecken wir in unserer Haltung Kraft und innere Stärke.

Im Hin und Her zwischen aktivem Durch-setzen und Nachgiebigkeit, zwischen willensstarker Überwindung von Widerständen und geduldigem Annehmen der Bedingungen, zwischen Anspannung und Entspannung finden wir Balance. An diesen Gegensätzen können wir uns reiben, können reifen, uns entwickeln und verwandeln. In den Yogahaltungen der Bewegungsreihe des erleichterten Sonnengrußes setzen wir uns wiederholt mit diesen Wechseln auseinander. Wir bewältigen Übergänge immer wieder neu, erleben innere und äußere Haltung bei jedem Durchlaufen anders und finden immer wieder neu unsere Mitte.

Entwicklung passiert keineswegs gradlinig. Lebenswege sind verschlungen wie die Wege eines Labyrinths. Aber wir können jeden Schritt auf dem Weg zu unserer Mitte meditativ und einzeln nehmen. Ein Labyrinth - im Unterschied zum Irrgarten - führt uns auf einem vorgegebenen Weg. Es gibt uns Halt. Den Weg aber müssen wir selbst erforschen, unsere Schritte überdenken.

Auch wenn es sich nicht immer so anfühlt: Der gewundene Labyrinthweg führt uns auf sicherem Weg in die Mitte und auf demselben Weg wieder hinaus in die Welt.

Zur Person

Martha M. Fritsch, geb. 1953, ist Yogalehrerin (DYL und BDY/EYU) und -ausbilderin, erfolgreich seit 1996 in einem Frauenteam im eigenen Institut für Yoga und Gesundheit: Mandala, Wetzlar.

Im Grundberuf ist Frau Fritsch Lehrerin für Kunst und Politik und Gesundheitspädagogin (FH), war viele Jahre in der Sozialarbeit tätig. Neben kontinuierlichem Unterricht für Yogaübende, der Yogaausbildung und den Yoga-Weiterbildungen, vor allem für pädagogische und medizinische Berufsgruppen, ist einer ihrer Schwerpunkte die Yoga-Arbeit mit Schwangeren. Daneben nutzt sie Yogaelemente in Kursen und Seminaren zum Stressabbau in Betrieben.

Es ist Frau Fritsch ein persönliches Anliegen, Yoga auch in Zusammenhängen bekannt zu machen, wo Menschen wenig Möglichkeiten dazu und erschwerte Bedingungen haben. Zweimal ist sie nach Bosnien gereist, um dort in einem sozialen Zentrum zu unterrichten. Frau Fritsch übt Yoga am allerliebsten in der Natur. Sie singt und erfindet Mantras. Kreatives Arbeiten mit Bildern ist Teil ihres Lebens.

Veröffentlichungen:
Yoga für Schwangere, Buch und CD, Schirner-Verlag, Darmstadt, 2004
Lieder der Fülle, Lieder und Mantren zum Hören und Mitsingen,
Martha M. Fritsch und Schöne Frauen-Herzenstöne, CD, Wetzlar, 2007

www.mandala-wetzlar.de, www.leinenkunst.de

Dank

Mein Dank gilt meinen KursteilnehmerInnen, die mich immer wieder anregen, neue Übungsweisen zu erfinden, meinen Kolleginnen im Institut Mandala, die mich dabei unterstützen, meine eigenen Schöpfungen in die Welt zu bringen - und auch mir selbst, für die Zuversicht und das unerschütterliche Vertrauen ins Leben, das ich mir nicht zuletzt mithilfe von Yoga erarbeitet habe.

Ich danke insbesondere Konstanze Quirmbach, dass sie die von mir entwickelte Übungsreihe genutzt hat, sie mit ihren bereichernden Sätzen und Bildern weiterentwickelt und veröffentlicht hat. Dadurch habe ich mich selbst wieder angeregt gefühlt, diesen Schatz noch gründlicher zu bergen. Sie hat mich mit der Möglichkeit beschenkt, meinen Anteil in ihr Buch einzubringen.

Ich möchte meinen Beitrag in diesem Buch den noch nicht geborenen Kindern widmen - möge ihr Leben ihnen Freiheit, Entfaltung und Verwirklichung ihrer Gaben bringen!

Ich bin da.
Vierfarbiges „Patchwork" Poster
Im Format DIN A1
(84,1 cm Höhe x 59,4 cm Breite)
Mit 70 Bildern und Affirmationen
EUR 18,00

Ich bin da.
Affirmationskarten im Hosentaschenformat
70 Bild-Affirmationskarten
im Hosentaschenformat (6 cm x 6 cm)
Mit Begleitheft
EUR 28,70, ISBN 978-3-9811307-0-6

Das Affirmationstagebuch
Ein Tagebuch und Notizbuch
160 S. liniert, 21 x 16 cm
gebunden, mit Gummiband zum Verschließen
EUR 19,50, ISBN 978-3-9811307-5-1

Begegnungen, die beflügeln
Ein Tagebuch und Notizbuch
160 S. liniert, 21 x 16 cm
gebunden, mit Gummiband zum Verschließen
EUR 17,00, ISBN 978-3-9811307-4-4